餐桌上的宋朝

劉海永 著

推薦序　妙筆說歷史，也說好菜

Amy　臉書專頁「Amyの私人廚房」版主

一開始看見書名《餐桌上的宋朝》時，讓我疑惑著：這是一本歷史書籍，又或者是一本食譜書呢？

仔細閱讀後，我發現它兩者都是；因為它簡單明瞭的文字帶著我進入宋朝時期，讀著歷史的同時也細細品味了書中所出現的每一道菜。

如果您問我這本書有什麼魔力？我會告訴你，雖然它不像我們常見的書籍一樣，有著圖文並茂的編排，但它詳細用心的字句都讓人身歷其境一般，彷彿身處宋朝的年代呢。像書中提及的「蟹釀橙」、「算條巴子」、「煎藕餅」等菜色都是當時名菜，在作者的妙筆敘述下，道道都顯得格外吸引人。

不論你是想了解宋朝的生活，又或著是想吸收一些名菜來由的知識風采，這本《餐桌上的宋朝》都將會是你的好選擇。

沒有文謅謅又複雜難懂的文言文字，輕輕鬆鬆愉悅地閱讀，就能細細品味這麼優質的一本好書，買了這本書以後，希望您也跟我一樣，有著美好的閱讀時光。

推薦序　這本書的宋朝飲食，是活的

鄧士瑋　飲食故事網站「食貨誌」站長

自從《吃一場有趣的宋朝飯局》這本暢銷書出版後，「關於宋代的某些事情」一下成了歷史通俗寫作者的暢銷捷徑。宋朝這個富有早期資本主義色彩的時代本就有趣，為數豐富的宋代筆記、雜記、小說等文字史料與圖像作品（尤其清明上河圖），更堪稱歷史類寫作者的寶庫，找到些哏、寫點賺稿費的文字簡直不要太容易。於是幾年間書店架上突然冒出一大堆「宋代庶民生活研究者們」的大作，人數搞不好比水滸傳一零八條好漢還多。

尋常的「宋代庶民生活研究者們」看到又寫出來的，常常只是資料中的宋朝，不管寫得多麼活靈活現，終究只是個過去近千年的宋朝。不過《餐桌上的宋朝》這本書是真有意思，作者劉海永先生是土生土長的開封人，《東京夢華錄》裡那座北宋東京汴梁城，遺跡就存在他日常生活的地面下六～九公尺深，近千年前的日常飲食，孑遺就體現在他日常生活的大宴小吃之中。所過者化，所存者神，這本書裡的宋朝飲食，是活的。

我們在閱讀介紹古代庶民飲食生活的著述時，常常會好奇書中寫的那件吃食「後來怎麼了？」，如果你也有過這樣的好奇心，那麼這本書會讓你得到不少滿足，原來宋代的吃食並沒有真的消失，後來後來的幾百年後，還有部分存活在開封市民的餐桌上。

推薦給喜歡飲食故事的您！

開場白　日常飲食中的宋代風味

我不得不承認，這麼多年以來，我已經被這座城市征服。從語言到行為到生活習慣，我已經是被「改造」後的鄉下人了，融化在千年古都的醇厚歷史文化中。是的，就在開封。

我一度沉醉近代開封，近年來為《汴梁晚報》人文週刊做「尋味開封」專欄，忽然被宋代文化所折服，當時暗自念想，待我做完民國開封幾本書之後，一定會上接北宋，落地到民國，找到一個好的契合點，把宋文化下延到民國開封。我企圖打通民國到北宋的區域歷史，說起歷史，還是從日常生活入手吧。一幅《清明上河圖》、一部《東京夢華錄》算是宋人送給開封城的兩部「生活指南」或「穿越生存手冊」。「一圖一書」瞬間把北宋用長鏡頭拉到了現代，我很慶幸，能夠生活在現代開封這座文化名城，在這座城隨處可以找到北宋的影蹤。

大約是二〇一四年吧，我在一場大病出院之後，接待了ＢＢＣ攝製組，經過前期幾個月的郵件和電話溝通之後，他們在九月分來到開封拍攝《中華的故事》紀錄片第三集〈黃金時代〉。這一集著重在中國歷史上最繁榮的時代——宋朝，做為他們的文化顧問和受訪對象，我與英國歷史學家麥克．伍德（Michael Wood）接觸較多，在交流過程中，我很驚訝他對開封歷史地位的定位，他盛讚開封是一座「記憶之城」，中國城市的記憶只能在開封找到，開封透過書畫、語言等展示北宋醇厚的歷史。在他看來，開封與雅典、巴格達相比毫不遜色。透過書店街現在的街景街貌，他竟能想到北宋的活字印刷術；老街巷的老門樓、四合院以及街道上的叫賣聲，伍德說這些都和他在《東京夢華錄》中讀到的記載相像，感覺很親切。一個老外竟如此看待開封，我們卻在喧嘩之中，忽視、冷落甚至糟蹋一些真正從宋代遺留下來的文化。伍德告訴我，宋朝是中國文明的頂峰，是中國文化發展的黃金時代，也只有在開封這樣的古城才可以找到歷史變遷的基因。

透過拍攝期間的接觸交流，他改變了我的研究思路。需要重新調整方向了，只有在開封才可以找到宋朝，才可以發現宋朝，才可以感受到宋朝，才可以回到宋朝。在日常生活中，處處都有宋文化的蹤跡，無論言語、生活習慣還是飲食傳承。《水滸傳》中寫林沖夜上山神廟的時候，說「那時雪下得正緊」。也只有開封百姓在雨下得大時說：「雨下緊了！」一個字就穿越到歷史現場。風俗習慣更是沿襲《東京夢華錄》或《歲時廣記》中的種種宋代規矩。比如小時候，我母親過年時總說：正月初一不摸針線。後來竟然在《歲時廣記》中看到「忌針線」的文獻：「京人元日忌針線之工，故諺有懶婦思正月，饞婦思寒食之語。」宋代的元宵燈會不但花燈品種豐富，而且還是市民的狂歡節，民國以來的開封花燈不也是一路傳承下來，直到二十世紀八〇年代每一屆燈會無不人聲鼎沸、熱鬧非凡？近年的大宋上元燈會更是造成有史以來城市「第一堵」的盛況。

宋代官宦之家經常宴請賓客，於是在京城飲食業出現了登門為筵席服務的新行業——四司六局。四司指帳設司、廚司、茶酒司、臺盤司，六局指果子局、蜜煎局、菜蔬局、油燭局、香藥局、排辦局。豫東地區一直把職業廚師稱為「局匠老師」，我一直覺得這個稱呼與宋代的四司六局有關係。據李開周老師考證：「平民意識濃厚的宋朝則更進一步，四司六局不僅是宮廷和豪門的常設機構，同時也從依附關係中剝離，獨立成一個個勞務組織，開始為所有人提供服務，前提是只要服務對象掏得起錢。」至今，開封鄉村紅白喜事的宴席上還活躍著一群局匠老師，他們根據客戶需求，按照預定訂單和日期前往主家服務。流動於鄉村包辦筵席的局匠老師們，不也正延續並傳承四司六局的功能嗎？

展開《清明上河圖》，每一個片段都值得深入探究，穿的什麼衣服，住的什麼客店，吃的什麼小吃，玩的什麼器具，坐的什麼轎子等，在民國開封是不是還有傳承，是不是還在延續，是不是還有蹤影，一想起就感覺是一件十分好玩並且有趣的事。

我曾徒步尋找開封的汴河遺址，如今已經不見了河流、舟船、州橋、虹橋，但是千年以後的開封還是有汴河的遺址，不過到民國時期河道已經乾涸了，隨著居民增加，漸漸填平了河道成為街巷。當年的汴河對開封多麼重要啊，東京夢華消盡之後的汴河，如今連個小河溝也找不到了。這該是令人遺憾的事，大運河申遺，怎麼能離開開封的汴河？

再說孫李唐，一個因為囚禁南唐後主、一代詞宗李煜的地方，在宋代開國初期，因為趙匡胤容不下一個違命侯的思鄉和回望，於是一杯牽機藥送李煜上西天。這個地方如今地名還在。在中國歷史的宏大敘事中，怎麼能離開李煜的影蹤，無論是纏足的肇始還是詩詞歌賦的填寫，都繞不過這個村莊。大宋開國的一段歷史與這個村莊有著密切的聯繫，除了在史冊之上，我們在實地找不到一絲蛛絲馬跡。這不得不令人十分遺憾，這樣深厚的宋文化資源，而且是全國唯一的歷史現場，現實中卻找不到「現場」，徒餘一個地名。

宋代是個開放的朝代，商業繁榮，物阜民豐。每次閱讀宋詞，我都在想蘇軾在開封的哪個位置居住，李清照在開封的什麼街巷有府第。看《東京夢華錄》，我甚至會想孟元老的住所在現在的開封地圖該如何標註，蔡京的官邸離繁塔*有多遠，中間需要經過哪些街道，會路過哪些名人的宅院。如果乘水路需要轉幾道河，就像現在的高速公路一樣，得跨幾個高速公路才可以到達？

扯得似乎有些遠了，我們繼續說飲食。還在開封拍攝紀錄片的時候，伍德拿出一本複印版的刻版線裝書《山家清供》，說想找廚師製作一道宋菜。不要怪我才疏學淺，《山家清供》一書我從他這裡首次知道，一翻閱就愛不釋手。那次拍攝紀錄片關於宋代飲食部分，直接就是由宋菜引出，主持人伍德看到一盤子大約八枚蟹釀橙，就說有全部吃下去的胃口。還眉飛色舞地說在宋代的食店：「行菜者左手杈三碗、右臂自手至肩，馱迭約二十碗，散下盡合各人呼索，不容差錯。一有差錯，坐客白之主人，必加叱罵，或罰工價，甚者逐之。」他如數家珍地背誦《東京夢華錄》的字句。這樣的場景後來我在一家胡同麵館裡見到了，夏日幾個朋友去吃拉麵，服務人員送麵的時候，一個胳膊完全加上手托著，竟然走了五碗拉麵，動作麻利，湯汁不灑，太令人驚訝了。一個外國人竟然如此熱愛中華文化、熱愛開封，如此了解這座城市的文化內核，能夠熟讀《東京夢華錄》，太令人敬仰了。

《東京夢華錄》記載了二百八十多種菜餚、麵點的名稱，比如「煎魚」、「炒

＊位於開封城外東南郊繁臺上的佛塔，是北宋東京城遺址的重要部分。

雞」、「炸蟹」、「燒臆子」、「糟薑」等，可以識別出來的烹調方法就有生淹、糟淹、炙烤、爆、燒、炸、蒸、水晶、蜜餞、釀、煎、烙、燉、熬等近五十種，其中絕大多數烹調方法歷經元、明、清千年的實踐檢驗流傳至今。記載的一些象形食品，如「梅花包子」、「蓮花鴨簽」、「魚兜子」、「荔枝腰子」等尤為後世矚目。

宋代的麵條比現在的品種要豐富，北宋東京城內，有「罨生軟羊麵」、「寄爐麵飯」、「桐皮熟燴麵」、「大燠麵」、「菜麵」、「三鮮麵」、「鵝麵」、「百合麵」，還有炒麵、煎麵及多種澆頭麵等。麵條成為當時人們的日常主食，現在北方人午飯還是多以麵條為主。宋代文獻記載的「冷淘」，就是現在的撈麵條，著名的開封拉麵一定要過水，再澆上冬瓜羊肉鹵，否則不爽口，這也是宋代「冷淘」的傳承發展吧。

杭州小籠包拷貝的是古代開封的工藝，宋人南遷之後，開封的傳統烹飪技術、風味製作方法隨之傳入臨安，經過融合發展，「南渡以來，幾二百餘年，則水土既慣，飲食混淆，無南北之分矣」。宋朝美食蘊含豐厚的歷史文化，既有地域空間的滋養，又有時間變化的醞釀，所以，宋朝美食吃的是文化、是品質、更是鄉愁。紀錄片《舌尖上的中國2》臺詞說得好：「總有一種味道，以其獨有的方式，每天三次，在舌尖上提醒著我們，認清明天的去向，不忘昨日的來處。無論腳步走多遠，在人的腦海中，只有故鄉的味道熟悉而頑固。它就像一個味覺定位系統，一頭鎖定了千里之外的異地，另一頭則永遠牽絆著，記憶深處的故鄉。」

好吧，閒言少敘，請讀者朋友開始品味宋朝的美食吧！

目次

二、現代菜色的宋朝身世

三、宋朝這個時間吃什麼？怎麼吃？

一、到宋朝吃大餐

「借殼上市」的那些菜

一直以為只有在現代資本領域才有「借殼上市」一詞，借殼上市就是透過收購、資產置換等方式，取得已上市公司的控股權，這家公司就能以上市公司增發股票的方式進行融資，從而實現上市的目的。如果穿越到宋代，我們就會忽然發現，古人原來也是這樣聰慧，在飲食領域透過「釀」的方式，改變菜餚單一的味道，從而達到更加美味的意境。

經典豫菜「套四寶」是在傳統名菜「套三環」的基礎上改進而成，因集鴨、雞、鴿子、鵪鶉四味於一體，四禽層層相套，且形體完整，故名「套四寶」。這道菜如果追溯淵源，其實也是一道釀菜，所謂釀菜就是在一種原料中夾進、塞進、塗上、包進另一種或幾種其他原料，然後加熱成菜。我們就透過幾道菜來看宋人如何「借殼上市」？

歷史悠久的釀菜

釀菜歷史悠久，如在周代號稱「八珍」之一的「炮豚」，是把棗子釀入乳豬腹中。經過燒烤、油炸、隔水燉燜而成。但這裡面的棗子是不吃的，只用來增加豬肉的美味。北魏賈思勰的《齊民要術》中收有釀炙白魚、胡炮肉等釀菜。以胡炮肉為例，將一歲左右的肥白羊宰殺後，取適量的肉切碎，羊油也切碎，加豉、鹽、蔥白、花椒、胡椒等調味料拌勻。將羊肚洗淨，翻過來、塞滿上述調好的調味料，再將肚子縫好。接著在地上挖一個坑，用火燒紅，將灰火扒開，放入羊肚，再蓋上灰火，大約烤煮一頓飯的時間，這道菜便製作成功了。其味「香美異常」，非一般菜餚可比。這道菜應該是中國北方少數民族發明的。

宋代大型文獻《太平廣記》記載了一道菜叫「渾羊歿忽」，渾羊好理解，就是全羊的意思。歿忽，筆者懷疑是北方遊牧民族語音的漢譯。這道菜《太平廣記》引自《盧氏雜說》：見京都人說，兩軍每行從進食，及其宴設，多食雞、鵝之類，就中愛食子鵝。當時每隻鵝價值二、三千。其製法是：按吃飯的人數準備子鵝的數量，將鵝宰殺後，褪毛，掏盡內臟。鵝腹內「釀以肉及糯米飯，五味調和」；取羊一隻，宰殺後剝皮並去掉內臟，將鵝放入羊腹內，將口縫好，然後用火烤。待羊肉熟後，便打開縫口，取出鵝整隻地吃，謂之「渾羊歿忽」。

這道名菜在元代《食珍錄》中也有記載：置鵝於羊中，內實粳、肉五味，全熟之。這能不能說是「套四寶」的前身呢？鵝入羊腔，縫合剖口，上烤爐按烤全羊法長時間緩火烤，至羊肉熟透離火，開口取出鵝入大托盤，趁熱改刀，佐各種味碟開吃。吃起來不但味道美，而且頗有古風啊，十分適合戶外野餐，不過至少得兩、三家聚餐，否則是吃不完的。

宮廷名菜蟹釀橙

紀錄片《中華的故事》第三集「宋朝」開封部分，請我找一位廚師製作一道宋菜。經過協調，找到中興樓陳主廚，他說可以做。拍攝紀錄片宋代飲食時，就是由這道宋菜引出的，鏡頭首先出現的就是蟹釀橙。一盤子大約八枚蟹釀橙，讓主持人麥克．伍德食指大動。這是一道什麼樣的食物呢？具有如此大的誘惑力，連行走江湖多年的資深老外竟然也為之傾倒了。

蟹釀橙是宋代宮廷名菜，源於山野，後入宮廷，又叫螃蟹釀棖，是南宋臨安地區的一道秋季名菜，用蟹肉放入橙內加調味蒸製而成。據《武林舊事．高宗幸張府節次略》記載，清河郡王張俊貢進御宴食單中就有螃蟹釀棖一菜，「棖」即橙。林洪取名為「蟹釀橙」。

這道風味菜餚製作獨特，蟹、橙兩味相配，酸鹹融合，為飲酒者的佳餚。按照《山家清供》的做法，需要選黃熟個大的橙子，切去頂蓋，剜去瓤，稍微留點汁液，用蟹膏肉填滿橙中，仍用帶枝頂蓋覆上，放入甑裡，用酒、醋、水蒸熟。用醋、鹽蘸食，香而鮮，「使人有新酒、菊花、香橙、螃蟹之興」。林洪曾回憶前人危巽齋稹寫的《贊蟹》：「黃中通理，美在其中，暢於四肢，美之至也。」這原本是《易經》講的，而在螃蟹上得到了體現。現在，在蟹釀橙這道菜裡又感覺到了。

這道菜構思巧妙，將蟹膏、蟹肉藏於掏空的橙子之中，使食者產生意外之驚喜，蟹膏肉遇橙汁自會產生一種特殊的鮮香味，加之以醋、鹽供食，既可去腥，又有另一種鮮美之味，且構思巧妙，富有美感。時逢秋日，菊花怒綻，新酒初開，把酒、對菊、品評橙蟹，至鮮之味，怎不令人頓生雅興呢！

我曾按照宋人古法嘗試製作該菜，效果頗為理想。做這道菜要準備熟甜橙三、五顆，以快刀平著截去圓頂，剜去橙肉，留下少許橙汁。然後取大螃蟹四隻煮半熟，挖除蟹膏肉（蟹黃、蟹膏、蟹肉），分別填入橙內，然後蓋上橙蓋，並插上三根牙籤將橙蓋與橙體固定。出籠後，即可上桌。食時，用筷夾橙中之蟹肉，蘸炒過的鹽及醋而食，香而鮮美。此菜純以自然之美，突顯菜餚的色香味，保持了中國傳統菜餚製作的真髓。

蓮房魚包和釀筍

宋代林洪所撰的《山家清供》中，還有一道釀菜相當精彩。這道菜是用嫩蓮頭和鱖魚蒸製而成，叫蓮房魚包。據《山家清供》載：將蓮花中嫩房*去瓤截底，剜瓤留其孔，以酒、醬、香料加活鱖魚塊實其內，仍以底坐甑內蒸熟。或中外塗以蜜，出楪，用「漁夫三鮮」供之。三鮮，蓮、菊、菱湯齏也。向在李春坊席上，曾受此供。得詩云：錦瓣金蓑織幾重，問魚何事得相容？湧身既入蓮房去，好度華池獨化龍。李大喜，送端硯一枚，龍墨五笏。

林洪既敘述了該菜的製法，又講了自己在朋友處享用此菜時，因賦詩而得端硯玉板的樂趣。

這是一味製作精緻、風味特異的宴席菜餚。其色、香、味、形都深受喜愛。《宋史》也記載名叫李道的孝子，母病，多次想烹製鱖魚羹，為母增加營養。鱖魚與蓮房相得益彰，將嫩蓮蓬頭切去底部，挖出瓤肉，將活鱖魚塊同酒、醬、香料拌和一起塞入蓮蓬洞孔內。再覆其底，放入蒸鍋中，蒸熟即成。成菜造型別致，清香味鮮。

釀筍出自《夢粱錄》，是將調好味的肉餡裝進全筍內蒸之。至於所用肉類，按照宋人食俗，用羊肉的可能性較大，經濟不寬裕的不排除用豬肉的可能。做這道菜最好用春筍，因為春筍不論造型與口感都是最佳的。先準備長短粗細相近、肉色較白的中小春筍五至六支，去殼、去根洗淨，肉餡用薑末、蔥花、胡椒粉、料酒、鹽攪拌均勻，用筷子將竹筍內部的節一一穿透，將肉餡分別塞滿筍內，撲上生粉封口。

放入蒸籠蒸之，待筍的顏色變老，稍燜後即可出鍋上桌。讓客人自剝筍衣而食，確實「味美而趣」。目前，開封市井有賣竹筒粽子者，與釀筍有異曲同工之妙。在當時南宋的市井酒肆中，除了釀筍之外，還有「釀魚」、「黃雀釀」等釀製菜餚應市而生[†]。

＊ 蓮蓬頭。

† 見《夢粱錄》。

汴京烤鴨傳天下

外地的親戚朋友來開封，我會帶他們到夜市品嘗小吃，送行的一頓必須在飯店進行，小籠包子和烤鴨一定要上。小籠包子是特色，烤鴨為什麼也要堅持上呢？包子僅是主食，烤鴨是宋代傳承下來的菜餚，與宋五嫂魚羹一樣馳名。我曾一度在州橋附近走動，想像在千年之前的帝都就在我的腳下，夜市的繁華市聲彷彿衝破數公尺深的土層躍上地面，車水馬龍熙熙攘攘，美食飄香引人駐足，卻又不敢停留。不時有煙霧繚繞，不是燒烤就是炒炸，這烤鴨就在其間。當時文獻記載不叫烤鴨，叫做炙鴨、爊*鴨。如果按時間比，北京烤鴨弱爆了，汴京烤鴨是北京烤鴨的祖宗，連元朝大都都是將東京城照搬移植過去的，不但四合院仿照，連艮岳†的殘石也搬運過去裝點門面了。不是我開封人夜郎自大，隨便提起一件東西都可以上溯到歷史深處，這汴京烤鴨最後紅遍大江南北，就算在它的發源地，依然是門庭若市。

汴京烤鴨傳播南北

古代菜餚中，「炙品」占很大的比重，炙鵝、炙鴨流傳已久。據考，在發掘的長沙馬王堆一號墓的遺骨裡，可見到鴨骨。可以肯定，漢代是有「炙鴨」的。早在南北朝時期，有本書叫做《食珍錄》，其中就有「炙鴨」的記載，北魏賈思勰的《齊民要術》中也有記載，只不過是將鵝、鴨分檔取料烤炙，不是整隻燒烤。到了唐代，炙鵝、炙鴨更為精美。唐貞觀時，曾隱居唐興（今天臺）翠屏山的詩僧寒山有詩云：「蒸豚搵蒜醬，炙鴨點椒鹽。」這位詩僧可謂酒肉穿腸過啊，不但吃豬肉蘸醬拌蒜，還烤鴨蘸椒鹽；韓愈「下箸已憐鵝炙美，開籠不奈鴨媒嬌」，張易之所創製的「炙鵝鴨」堪稱經典，也特別殘忍。據張鷟《朝野僉載》記述，武則天建立大周政權之後（六九〇年），張易之因受武則天寵愛，被任命為控鶴監，其弟張昌宗為祕書監。兄弟競相豪侈。張易之特製一種大鐵籠，將鵝或鴨關於籠內，籠中放一大盆木炭火，又在緊靠鐵籠四壁的外面，放著盛有醬醋及各種調味汁的銅盆。鵝、鴨起初被火烘烤得既熱又渴，不停地沿著柵欄走動，拚命地飲銅盆裡的調味汁；時間一長，鵝、鴨被火

＊音同「熬」，指用小火把食物煨熟。

†北宋時期的大型人工山水皇家園林。

烤得羽毛盡落而死，等到肉色變赤，就成了「明火暗味烤活鵝鴨」，滋味特別鮮美。

到了宋代，出現了一道名菜叫燠鴨，它以烹調方法定名。「燠」是古代的一種烹調方法，始見於漢代。北魏《齊民要術》「作奧肉法」中曾經說到：將豬肉塊加水在鍋裡炒，至肉熟、水氣乾了，再用豬油熬煎，加酒、鹽，小火煮熟後，將肉與滷一起倒入甕子裡。再加豬油浸漬熟肉。到北宋時出現了「燠鴨」，《東京夢華錄．飲食果子》載：「又有外來托賣炙雞、燠鴨、羊腳子……」《武林舊事．作坊》中有「燠炕鵝鴨」的記載。

元代《居家必用事類全集》記載了「燠鴨」的製作方法：「燠鵝鴨，每隻洗淨，煉香油四兩，爁變黃色，用酒醋水三件中停浸沒，入細料物*半兩，蔥三莖、醬一匙，慢火養熟為度。」按照上述記載，是將鴨子洗淨，麻油入鍋燒熱，下鴨子煎至兩面呈黃時，下酒、醋、水，以浸沒鴨子為度。加細料物、蔥、醬，用小火煨熟，仍浸在滷汁之中，食用時再取出，切塊，裝盤即成。用這種方法烹製，使食物慢慢成熟，較為入味。

王立是烤鴨高手

金兵攻破汴京之後，當地大批工匠藝人和商賈富豪，隨著康王趙構逃到建康（南京）、臨安（杭州）一帶，當地盛產鴨子，汴京烤鴨便繼續成為南宋君臣的盤中珍饈。南宋吳自牧的《夢粱錄》中，就描述了當時都城臨安沿街叫賣熟食「炙鴨」的情景。宋人比唐人似乎更有慈悲心，不喜歡肉食的宋朝吃貨們還可以在素食店買到假†炙鴨、小雞假炙鴨等仿葷食品。

王立是目前所知中國最早的知名烤鴨能手。據洪邁記載：南宋建康通判史忞任職期滿後，回到臨安鹽橋故居，有一天，他和僕役上街，見到街上有賣烤鴨的。便想起他從前的家廚「烤鴨美手」王立。史忞一問才得知這人就是王立的鬼，他問：「你賣的鴨子是真鴨嗎？」王立說：「我也是從市場上買來的，每天十隻，天還未亮，我就到大作坊裡，在灶邊把鴨烤熟，然後給主人一點柴錢，我們販鴨賣的人都這樣……鴨子是人世間的東西，可以吃。」史忞給王立兩千錢打發他走了。第二天王立又提著四隻鴨子來了。這以後的日子，王立經常到史家來。這則故事在《夷堅志》卷四中可以查到，所說有志怪的感覺，但畢竟是清楚記載烤鴨能手姓名的。

元破臨安後，元將伯顏曾將臨安城裡的百工技藝徙至大都（北京），烤鴨技術就

＊指小茴香、甘草、白芷、薑、花椒、砂仁等細末。

† 表示是用某種食材去仿製另一種食材的形態或風味。

是這樣傳到北京，烤鴨並成為元宮御膳奇珍之一。隨著歷史的變革和發展，汴京烤鴨之術，逐漸播及四方，各地又在此基礎上進行改革和發展，形成了各自不同的風味和特色。

明代《宋氏養生部》載：「炙鴨，用肥者全體爊汁中烹熟，將熟油沃，架而炙之。」這種製法雖然與明代「金陵烤鴨」、「北京填鴨」有所不同，但頗有特色，用掛爐木炭所烤的鴨子，色澤金黃，皮脆肉肥，但鮮味不足。而將鴨子先用滷汁煮至初熟，使鴨子脂油溢出，熟而入味，再用熱油澆炙，則皮脆肉鮮。明、清時代，烤鴨技術發展到精美的程度，不但對烤鴨的工藝要求更精、更細，而且對烤鴨所用鴨子也要求專門飼養，因而出現了鵝鴨城、養鴨房、養鴨場等專門餵養鴨子的場所。

燜爐烤鴨、掛爐烤鴨皆出於汴京

「無論是燜爐烤鴨也好，掛爐烤鴨也好，燒烤鴨子的技術，都有同一個根源——那就是北宋時的汴京（開封）。因為早在北宋時期，炙雞、烤鴨都已是汴京名餚……」（《飲饌中國》）

掛爐烤鴨傳自山東，以「全聚德」為翹楚。燜爐烤鴨傳自南京，以「便宜坊」為代表。在做法上，掛爐烤鴨以明火烤製，燃料為果木，以棗木為佳；燜爐使用暗火，燃料則為稻草、板條等軟質材料。在風味上，燜爐烤鴨因鴨子受熱均勻，油脂和水分的消耗少，烤好後皮肉不脫離，色紅亮，不見焦斑。滋味則外酥裡嫩，一咬一嘴油，入口即化；而且鴨子體態豐滿，肉量較多。掛爐烤鴨則焦香撲鼻，鴨子皮肉分離，片起來特別方便，也比較不油膩。缺點是鴨子的水分消耗大，所以肉質比較乾，分量也較少。據說在二十世紀五〇年代初期，全聚德還曾專程去開封聘請過烤鴨師傅，足證北京烤鴨與開封的關聯。從《水滸傳》的描繪裡，我們也可以知道山東是北宋所轄的重點省分，與汴京往來頻繁。如此說來，山東「魯菜」的大廚，向汴京人學會烤鴨的技術，也就沒什麼好奇怪的了。

張伯駒談起開封菜時說汴京烤鴨「去瘦留肥，專以皮為主，烤法也與北京烤鴨不同」。他說的該是燜爐烤鴨了，燜爐烤鴨的特點是「鴨子不見明火」。所謂「燜爐」，其實是一種地爐，爐身以磚砌成，大小約一立方公尺左右。以往在燜烤鴨子前，用秫秸*將爐牆燒至適當溫度後，將火熄滅，把鴨坯放在爐中的鐵箅†上，然後關上爐門，全仗爐牆的熱力將鴨子烘熟，中間不啟爐門，不轉動鴨身，一氣呵成。由

---

*高粱的桿。

†平而有孔隙的器具，用以蒸煮。

於純用暗火，所以掌爐師傅務須掌握好爐內的溫度，燒過了頭，鴨子會被烤焦；火候不夠，鴨子又會夾生，吃來不是味。而在燒烤的過程中，砌爐的溫度由高而低，緩緩下降；在文火不烈且受熱均勻的情況下，油的流失量小，故成品外皮油亮酥脆，肉質鮮嫩，肥瘦適量，不柴不膩。即使一咬流汁，卻因恰到好處，特別誘人饞涎。

孫潤田主編的《開封名菜》和河南省飲食服務公司編寫的《河南名菜譜》兩書中都記載了汴京（燜爐）烤鴨的做法：將鴨子宰殺放血後，放在六、七成熱的熱水裡燙透，撈出，用手從脯部順掌向後推，把大部分毛煺掉，放在冷水盆裡洗一下，用鑷子鑷去細毛，截去爪子和膀的雙骨，抽出舌頭。由左膀下順肋骨開一個小口，取出內臟。從脖子上開口，取出嗉囊裡外洗淨，再用開水把鴨身裡外沖一下。京冬菜團成團，放入腹內。皮先用鹽水抹勻，再用蜂蜜抹一遍，用秫秸節堵住肛門。在腿元骨下邊插入氣管，打上氣，放在空氣流通處晾乾。用秫秸將爐燒熱，再用燒後的秫秸灰，將旺火壓勻。用鴨鉤勾住喉管，另一頭用鐵棍穿住，襻在外邊，將鴨子掛在爐內，封住爐門，蓋住上邊的口。烤至鴨子全身呈柿紅色，即可出爐。

烤熟的鴨子暫時不能吃，需要廚師片。片時，可以皮肉不分，片片帶皮帶肉，也可以皮肉分開，先片皮後片肉。將片好的鴨子裝盤，即可上席食用。

開封還有叉燒鴨，又名「叉燒烤鴨」，是「汴京烤鴨」中烤法之一。過去開封有的餐館不設烤鴨爐，就用叉燒的方法製售烤鴨。叉燒法是用烤叉叉上初步處理好的鴨子，架在炭火上烤熟，鴨皮香脆，肉質軟嫩。將鴨皮、鴨肉、甜麵醬、菊花蔥、蝴蝶蘿蔔等，一起用荷葉餅捲著食用，頗具風味。

汴京烤鴨有多種吃法，通常是將烤熟的鴨子，趁熱片成片，蘸甜麵醬，加蔥白，用特製的荷葉餅捲著吃；也可將醬和蒜泥拌勻，同烤鴨肉一起用餅捲著吃，喜食甜的，可以蘸白糖吃，味道也極佳。片淨肉的鴨骨架還可以加白菜、冬瓜熬湯，別有風味。

無雞不成席

我一直很佩服宋朝一個名叫洪七公的叫化子，做為丐幫幫主，不但武功蓋世，還有獨門祕笈製作叫化雞。曾經圍著十二吋的黑白電視機看一九八三年版的《射鵰英雄傳》，洪七公用一把黃泥包在雞外邊，加入獨特配料，用火烤製，黃泥乾裂而雞肉爛熟，奇香撲鼻、美味無比。洪七公的叫化雞比我們老家的傳統燒雞要省事得多，燒雞需要油炸這道工序，而叫化雞卻省去了油炸，直接烘烤；雞肉在黃泥包裹之下不直接接觸火，營養不流失，可謂道法自然。

一想起雞，忽然感覺這個詞已經被汙染了多年，雞伴隨著人類的進化，日出即啼，雞進入了十二生肖序列，雞進入歷史典籍和書畫、影視作品，雞與人形影不離，哪裡有人類哪裡就有家禽。做為家禽的雞蒙冤多年，仍然抵擋不住它在世界的足跡，有個老外把雞肢解成速食，享譽全球。城鄉的宴席，依然不會缺少熬炒雞啊、料子雞啊這些菜餚。是啊，無雞不成宴，無雞不成席。

雞肉原來可以這麼吃

在中國，雞有N種吃法，從古至今都是烹飪的主要肉食原料之一。歷代雞饌綿延不斷，烹製技法也愈來愈精緻、複雜，風味多變，不可勝數。先秦時，易牙有「五味雞」；《禮記》有「濡雞」，是雞腹填充辣蓼葉，用肉醬燒製；《楚辭・招魂》中有「露雞」，類似於滷雞。《馬王堆一號漢墓遣策》有「濯雞」，相當於汆雞片。《釋名》有「雞纖」，就是將臘雞扯成細絲，用醋漬成。《齊民要術》有「白菹」，是雞、鴨、鵝白煮去骨後切長方塊，加紫菜，調鹽、醋和肉汁而食；《新唐書》有「雞球」，即雞肉丸子。真正把雞吃出境界和品味的還是宋朝，宋高宗到張俊府中曾吃過「潤雞」，宋代《竹業亭雜記》中記有「捶雞」。

在宋代，雞肉的地位要次於羊肉，據《東京夢華錄》、《夢粱錄》、《西湖老人繁勝錄》等文獻記載，菜餚有麻腐雞皮、簽雞、炙雞、小雞元魚羹、小雞二色蓮子羹、小雞假花紅清羹、攛小雞、燠小雞、五味炙小雞、小雞假炙鴨、紅熬小雞、脯小雞、凍雞、炙雞、八焙雞、紅熬雞、脯雞、大小雞羹、焙雞、煎小雞、豉汁雞、炒雞、白炸雞、炕雞、雞絲簽、錦雞簽、白炸雞、蒸雞、韭黃雞子、雞元魚、雞脆絲、筍雞鵝、五味焙雞等四十多種。

依據宋代文獻的記載，我們還原幾種雞的做法。

先說夏凍雞，這道菜是宋代夏日佐酒涼菜，以雞肉為主料、羊頭等為輔料，調味煮熟後經冷凝而成，是宋代出現的一道冷凍名菜。以往歷代用雞肉製菜。均以熱煮食用。宋代在夏令時期，採用熟菜冷凍而食。據宋《事林廣記》載：將雞燙洗潔淨，剁成塊狀，先入沸水中稍微煮一下，再投入一顆治淨的羊頭至煮著雞的鍋中，同煮至雞肉熟爛，下鹽及料物煮至入味。羊頭撈出不用，將雞肉撈出、瀝水，用油布包裹緊，置瓷器中，沉入井底令其冷透後取出食用，如同冬日所製一樣。

現在做起來很容易，就是將肥雞宰殺、煺毛去內臟（可以直接買超市裡販售的雞），洗淨，切成小塊，經熱油稍炸後取出。將羊頭除去毛，洗淨，同雞塊一起入鍋煮熟，加鹽和調料，煮好之後撈出羊頭，把剩餘的雞肉放盤，直接置入冰箱零度保鮮，冷凝即成。

宋人消暑飲食很講究，還有一道夏日菜叫麻腐雞皮。孟元老懷念古都美食，想到「州橋夜市」時特別記載了這道菜。麻腐雞皮滋味鮮美，清涼消暑，被列入「夏月」菜餚之首。據開封名廚孫世增先生考證，「麻腐菜」是由芝麻醬和綠豆粉芡為主要原料，因它軟嫩似豆腐，故稱「麻腐」。綠豆粉，古人稱「真粉」，宋代的名饌「玉灌肺」就是以它為主原料製成的。陳達叟在《本心齋蔬食譜》中，稱讚以綠豆粉和薑絲做成的「粉羹」，不但熱餐具有「消食化積」之功能，而冷飲還有「清肺潤腑」之效果，在宋代已經普遍食用了。將雞肉與綠豆粉一起做成的麻腐雞皮，筋光滑嫩、清鮮利口、風味別致、獨具一格。

接著說宋朝人怎樣吃雞。我們知道了「炕羊」這道菜，還有一種類似的做法叫「炕雞」，《西湖老人繁勝錄》中有記載，炕雞就是在平地挖坑，架火燒烤雞。適合戶外野餐，飯店或家宴直接用烤箱烹調。製作炕雞，需全雞一隻，花椒鹽、料酒、甜醬適量。先用花椒鹽將雞身內外擦透，醃一個小時。瀝乾血水，塗以酒；等雞表面稍乾，再塗一層薄薄的甜醬。待入味，入烤箱內烤熟，斬成火柴盒大小塊狀，入盤即可上桌。此菜外脆嫩、內鮮香，口味醇美，風味迥異，宜過酒、下飯、吃粥。

說到吃粥，宋朝還有一道美食叫黃雞粥，屬於湯菜。是以剁碎雞肉為主料，加適量米及料物燉煮而成的粥狀食品。蘇軾〈聞子由瘦〉詩開頭句說：「五日一見花豬肉，十日一遇黃雞粥。」說的就是這種粥，可見蘇軾對黃雞粥是如此嗜好和偏愛。做此粥以老母雞為佳。

再說爐焙雞，是以雞肉為原料，經煮、炒、煨焙等多道工序製成的菜餚，無汁而酥香。《吳氏中饋錄》記其製法是：取雞一隻，宰殺治淨。先整隻入沸水中煮至八成熟，撈出，瀝去水，剁成小塊。鍋內添少量油燒熱，將雞肉塊放入略炒。將鍋蓋嚴，燒至極熱，加醋、酒、鹽慢火煨製，待汁乾後，再添少量酒煨之。如此數次，待熟透酥香即可食用。這道菜的要點是用微火烘、候乾，再放酒醋，如此數次，等雞塊酥熟，即可裝盤上桌。此菜雞塊酥香，味道鹹酸而酒香撲鼻，別具風味。

汴京風味雞

豫東地區每年八月十五，拜訪親戚者需要備六隻或八隻燒雞，更有十二隻者，全都是柴雞，家裡當年散養的荀雞最佳。說起這燒雞啊，也是從北宋流傳下來的，只不過當時叫爊鴨而已，換個家禽，同一種工藝。所謂爊，就是把食物埋在灰火中煨熟，草裡泥封，塘灰中爊之。這與洪七公的叫化雞有異曲同工之妙。這爊雞到了清末時期隨著製作工藝的改良，才更名為燒雞。在清末民初，開封的「北味芳」、「五味和」、「陸稿薦」和「馬豫興雞鴨店」製作的燒雞十分有名，不僅造型美觀、色澤光亮，吃起來肉爛骨酥、味道醇厚，並且物美價廉，在開封很受歡迎。

桶子雞婦孺皆知，咱就不說了，介紹幾種風味雞：

酥雞：這是用荀雞做成的，褪毛開膛去臟後沖洗乾淨，鮮藕切成薄片，按照一層藕片、一層雞的次序，一層一層擺入鐵鍋，雞頭向外呈圓形，白糖、醬油、香醋均勻潑灑雞身，中間圓洞內放入薑片、蔥段、大料，加水適量，經武火攻沸。文火燒煮、微火煨燜，其間適時加入料酒、椒麻油即成。酥雞色澤醬紅。骨酥肉爛、酸甜適口。

風雞：民國時期春節前，百姓家中經常做，選公雞為佳，從右翅下開一小口扒取內臟，收拾乾淨後灌入熱椒鹽並搖勻，置於案板醃製三天後用麻繩穿鼻，關於陰涼通風處，風乾十五天即成。吃的時候先乾拔羽毛，用酒燃火將細毛燎淨，入溫水浸泡，從背脊處劈開，加入蔥、薑後籠蒸，切成條狀裝盤，淋上麻油調味。等於我們吃的是標本，造型美觀、肉質堅韌。某日在李開周先生家中品茶，談及風雞，他說這個文獻中有「風魚」記載啊，說著就直奔書房拿出《吳氏中饋錄》，翻到那一頁，果然有「風魚」的記載，而且做法與現在開封「風雞」的做法差不多，只不過換了食材而已。

糟雞：糟雞與酒有關，開封人與酒有深厚的感情，淵源頗深，宋代以來，開封人以豪飲聞名。北宋東京城內酒店林立，這雞加上酒，味道可就不一樣了。製作糟雞需要先把火雞宰殺去毛，淨膛汆洗，佐以蔥、薑、料酒，用文火煨煮後，取出斬塊，再用精鹽、味精拌和，取酒糟、蔥絲、薑末、花椒加雞湯少許攪拌均勻，置入罈底，逐層撒上曲酒，再把剩下的配料裝入紗袋覆蓋其上，密封罈口，一天後即可食用。糟雞色鮮肉嫩，酒香撲鼻，芬芳濃郁、味美綿長。民國時，開封「九鼎飯莊」的糟雞最有名。

只有「土豪」可以吃羊肉

曾經有一段時間，閱讀《水滸傳》時，弄不明白為何裡面的豪俠點的餐多是牛肉，但牛是重要的生產工具，宋朝政府禁止宰殺耕牛，水泊梁山的好漢們反其道而行之，正是想突顯好漢們與法律、強權鬥爭的精神。《水滸傳》故事發生的年代正是宋徽宗執政時期，大約在崇寧年間（一一〇二年～一一〇六年），有個諫官叫范致虛，他提了一條建議，說皇上生肖屬狗，人間不宜殺狗、吃狗肉，宋徽宗欣然接受，嚴令禁止屠狗，並規定全國一律不准吃狗肉。而那些賣狗肉的小商小販們出攤的時候，也總是在攤位上懸掛著羊頭來躲避官府的檢查，「掛羊頭賣狗肉」這句成語就是從那時候流傳下來的。宋代酒館賣的大多數是牛肉，羊肉在山寨裡也多次出現，而宋江行走江湖，好漢們都是拿羊肉來款待宋江，在當時可是最好的菜餚了，普通百姓很少能吃到羊肉，就算一些餐館門口掛有羊頭，依舊是買不到羊肉。

宋人以食羊肉為美事

在宋代，羊肉是最貴重的食品，無論皇宮還是民間，無不把吃羊肉當作一件美事。王安石在《字說》中解釋「美」字說，從羊從大，大羊為美。據宋代《政和本草》載，食羊肉有「補中益氣，安心止驚，開胃健力，壯陽益腎」等良效。所以，皇室的肉食消費，幾乎全用羊肉，而從不用豬肉。

北宋建立不久，定都於杭州的吳越國王錢弘俶去東京城朝拜宋太祖趙匡胤，宋太祖命令御廚烹製南方菜餚招待，御廚倉促上陣，「取肥羊肉為醢」，一夕醃製而成，叫做「旋鮓*」，深受宋太祖及客人歡迎。因此，宋代皇室大宴，「首薦是味，為本朝故事」。這道「旋鮓」菜餚嚴格說來，根本稱不上「鮓」，至多只是短期醃製品而已，不過，說明羊肉做鮓在宋代開始很早，而且成為御宴首選菜餚。

旋鮓具有汁濃不膩，鮮嫩味醇的特點。隨著宋室南遷，這味菜餚也傳入杭州，成為南宋宮廷宴席上不可缺少的名菜。岳飛的孫子岳珂回憶參加南宋寧宗皇帝生日做壽的宴席說：「是歲，虜方（指女真）拏兵北邊，賀使不至，百官皆賜廊食。余待班南廊，日已升，見有老兵持二髹牌至，金書其上，曰：『輒入御廚，流三千里。』既而太官供具畢集，無簾幕限隔，僅以鐐灶刀機自隨，綿蕞簷下。侑食首先旋鮓，次暴脯，次

＊音同「眨」，泛指醃製品。

羊肉，雖玉食亦然。」（參閱《桯史》卷八〈紫宸廊食〉）。

陸游《老學庵筆記》也記載，淳熙年間（一一七四年～一一八九年）孝宗在集英殿宴請金國使節，其中第九盞就是旋鮓。《武林舊事》卷九〈高宗幸張府節次略〉載，紹興二十一年（一一五一年）十月，家住杭州清河坊的南宋名將張俊，在他的府第宴請宋高宗的筵席上，有「脯臘一行」十味，也有「旋鮓」一道。由此可見，這羊肉美食僅在宋代社會的高層人士才可以享受。

其實，在宋代，宮廷食羊肉不但是習慣，而且還上升到做為宋朝「祖宗家法」之一的高度。《後山談叢》所言：「御廚不登彘肉。」李燾記載輔臣呂大防為宋哲宗講述祖宗家法時說：「飲食不貴異品，御廚止用羊肉，此皆祖宗家法所以致太平者。」《東軒筆錄》記載，宋仁宗特別「思食燒羊」，甚至達到日不吃燒羊便睡不著覺的地步。

所以，為供應皇宮，東京城每年要從陝西等地運來數萬隻羊。宋仁宗時，皇室中食用量達到最高額，竟日宰羊二百八十隻，一年即十萬餘隻，食用量之大是驚人的。

最美不過是「炕羊」

宋孝宗曾為他的講讀老師胡銓在宮中擺過兩次小宴，第一次以「鼎煮羊羔」為首菜，第二次為「胡椒醋羊頭」與「炕羊炮飯」，孝宗一邊吃，一邊讚道：「炕羊甚美。」（參閱《經筵玉音問答》）炕羊就是用全羊入地爐燒烤而成。這是古代北方少數民族最早採用的一種製法。

炕羊的製法，宋代古書無記載，參照明代《宋氏養生部》所載「炕羊」的製法，就是掘地三尺深作井壁，用磚砌高成直灶，中間開一道門，上置鐵鍋一只，中間放上鐵架，將宰殺、治淨的整隻小羊，用鹽塗遍全身，加地椒、花椒、蔥段、茴香醃漬後，用鐵鉤吊住背脊骨，倒掛在爐中，覆蓋大鍋，四周用泥塗封。下用柴火燒，至井壁及鐵鍋通紅，再用小火燒一、二小時後，將爐門封塞，讓木柴餘火煨燒一夜即成。成菜滋味極鮮，香味濃郁。

在宋代，民間也視羊肉為貴重食品，而且以羊肉為原料的菜餚也是豐富多彩。據《夢粱錄》載，北宋京都飲食店的羊肉菜餚有旋煎羊白腸、批切羊頭、乳炊羊肫、燉羊、鬧廳羊、羊角、羊頭簽等，南宋臨安飲食店蒸軟羊、鼎煮羊、羊四軟、繡吹羊、羊蹄筍等。據統計，宋代以羊肉為主要原料製成的菜餚不下四十種。

蘇文竟然可以當肉吃

《老學庵筆記》上記載了當時的一則歌謠：「蘇文熟，吃羊肉；蘇文生，吃菜羹。」意思是，如果把蘇東坡的文章弄通了，可以當官吃羊肉；否則，只能乖乖喝剩菜湯去，反映了宋代科舉制度的特點。自南宋以降，蘇軾、蘇轍的文章備受推崇，而《文選》遭到冷落，所以這時傳唱的不是「文選爛，秀才半」，而是以蘇文為上，是否將蘇氏文章背熟，就可決定這些士子將來的命運，從中也可看出科舉制度已完全失去現實意義。而能否吃到羊肉，是宋朝人生活品質高低的一個標誌。

蘇軾信箚還可以換羊肉呢！據說蘇軾在杭州任上，結交了一位名叫韓宗儒的朋友。兩人互通書信。蘇軾寫給韓宗儒的信，字跡流利精美，稱得上是書法中的珍品。韓宗儒對蘇軾給他的書信十分珍視，從不輕易給人看。韓宗儒的老師名叫姚麟。這位姚老先生喜愛「蘇字」成癖，非常想得到蘇軾親筆寫的字，所以千方百計，四處搜求。當他得知自己的學生韓宗儒是蘇軾的朋友，兩人之間常有書信往來時，便暗暗盤算，想從韓宗儒手裡弄到幾封蘇軾寫給他的書箚。用什麼辦法達到目的呢？姚麟想來想去，想到這位學生有個毛病——嘴饞貪吃，特別愛吃羊肉。於是，他一再向韓宗儒提出相贈幾件蘇軾書箚的要求。同時，不斷主動地給韓宗儒送去肥羊肉。起先，韓宗儒還不肯答應，可是，經不起老師的死賴活纏，加上羊肉實在味美，吃人嘴軟，最後，師生二人達成交易：姚老先生得到了蘇軾給韓宗儒的若干書箚，韓宗儒則吃到了更多的肥羊肉。

宋代吃羊肉者多為「土豪」

宋代羊肉一般公務員是吃不起，按照工資規定，衙門的三班每月薪水是七百錢，另加羊肉半斤。北宋祥符年間，有一個人在驛館的房間牆壁上題了一首詩：「三班奉職實堪悲，卑賤孤寒那可知。七百料錢殆甚使，半斤羊肉幾時肥？」朝廷聞之，謂如此清廉，遂議增俸。意思是朝廷聽到這樣的說法，就回覆說：如果不高薪養廉，如何要求三班廉潔呢？

大宋帝國的高層想透過加薪，叫小吏也能多吃到羊肉。宋代羊肉有多貴？先看一首詩吧，蘇州因為羊肉太貴，吳中地區一小吏詩曰：「平江九百一隻羊，俸薄如何敢買嘗？只把魚蝦供兩膳，肚皮今作小池塘。」

如果拿今天的東西相比，就像手機市場上的旗艦機型，如蘋果手機；吃羊肉貌似有一種優越感，就像大蒜價格高，吃大蒜的人都是土豪一樣。從宋代到今天，羊肉一直都很貴，想吃吃不起，宮廷或高級幹部才可以吃到，如此看來，還不如我們現在開封市民滋潤，十塊、二十塊都可以到街上喝上一碗羊肉湯，還可以添些白肉*。

---

*開封方言中稱白水煮的肉為白肉，此處指羊肉。

燒臆子：此味只應天上有

大概每隔幾年，「二師兄」（豬）的身價便輪番上漲，吃貨們冒著「三高」的風險，滿足口舌的滋潤。從古至今，「二師兄」就伴隨人類的味蕾不斷成長。古人造字的時候，「家」不就是屋簷下有一頭豬嗎？有豬才算是寶啊，有豬肉吃，才是小康生活啊！小時候，鄰居福哥哥是個屠夫，幾乎每天都要宰殺生豬，晚上煮肉的香味令人垂涎三尺。後來看到央視紀錄片《舌尖上的中國》總導演、美食專欄作者陳曉卿的一句話，讓人深深同情他，他說：「對美食的享受，很大程度上會受相關背景的影響。《東京夢華錄》裡講到燒臆子，我就特別想去開封，到了開封之後專門去找，但再也吃不出書裡的味道。」是啊，當我們抱怨肉沒小時候香的時候，除了食材本身的速生長之外，更多的是我們肚子裡面有了「油水」而淡化了食物的味道。這燒臆子啊，可是開封的一道名菜，一般廚師還做不成的。

宋代豬肉很盛行

如果仔細看《清明上河圖》或耐心閱讀《東京夢華錄》，您就會發現，這兩個開封文化符號中，竟然多處出現關於豬的描繪。市井開封，風情萬種，這「二師兄」有什麼好描述的呢？人與自然的和諧相處，也不需要豬來點綴風景啊！後來，筆者再閱讀其他宋代筆記或文獻，忽然發現關於豬、關於豬肉竟然有這麼多好玩的記載。宋太宗時期「京畿民牟暉擊登聞鼓，述家奴失豭豚一，詔令賜千錢償其直」，開封市民牟暉的家奴看管豬時丟失了一頭，被牟暉起訴到當時的最高統治者宋太宗那裡，太宗詔令賜給一千文錢做為賠償豬的價格。身為皇帝可以說是日理萬機，連丟失一頭豬這種小事都要過問，這就說明「二師兄」地位非同尋常。甚至當時的相國寺也有高僧惠明烹煮豬肉，佛門聖地也不能免俗，時人戲曰「燒朱院」，證明了惠明和尚庖炙的豬肉「尤佳」，悄悄從事該行業已經很久，否則不會做出如此味道鮮美的豬肉。

宰相王旦生日，宋真宗一次就賜豬一百頭。《清明上河圖》中有五頭大豬，在街上大搖大擺，旁若無人。那時候都是散養，沒有添加飼料，這說明民間「二師兄」橫行，市井百姓習以為常。王禹偁記載了開封城郊的養豬狀況：「北鄰有閒園，瓦礫雜荊杞。未嘗動耕牛，但見牧群豕。」

宋代不但民間養豬多，宮廷也養豬，其目的除了祭祀之外，還有另一種意想不到的功能——辟邪：「神宗皇帝一日行後苑，見牧豭豘者，問何所用？牧者對曰：『自祖宗以來，長令畜之，自稚養以至大，則殺之，又養稚者。前朝不敢易，亦不知果安用？』神宗沉思久之，詔付所司，禁中自今不得復畜。數月，衛士忽獲妖人，急欲血澆人，禁中卒不能致。神宗方悟太祖遠略亦及此。」從宋太祖時期，宮廷就養豬辟邪，原來豬血可以破妖術。熙寧年間，宋朝政府計畫大規模改造京師開封，但「鑒苑中牧豚及內作坊之事，卒不敢更」，因為豬而影響了城市規劃，他們害怕動了豬圈而影響宮廷的平安。

張齊賢貴為宰相，對豬肉有著特別的嗜好，據史料記載：「張僕射體質豐大，飲食過人，尤嗜肥豬肉，每食數斤。」一頓飯能吃幾斤豬肉，確實少見。蘇軾也愛吃豬肉，並且發明了一道特色菜「東坡肉」。這道菜不但是宋朝名菜，至今仍頗受歡迎。在北宋東京，民間所宰殺生豬都要從南熏門進城，「每日至晚，每群萬數，止數十人驅逐，無有亂行者」。瓠羹店門前「上掛成邊豬羊，相間三、二十邊」。蘇軾的〈豬肉頌〉更直言豬肉便宜，老百姓都吃得起：「淨洗鐺，少著水，柴頭罨煙焰不起。待他自熟莫催他，火候足時他自美。黃州好豬肉，價賤如泥土。貴者不肯吃，貧者不解煮，早晨起來打兩碗，飽得自家君莫管。」

《宋史‧仁宗本紀》記載：「仁宗宮中夜饑，思膳燒羊。」說的是宋仁宗趙禎半夜肚子餓，想吃燒羊肉。羊肉多是宮廷食用，普通百姓只有吃豬肉。豬肉物美價廉，於是便產生了諸多豬肉美食，例如陸游《蔬食戲書》：「東門彘肉更奇絕，肥美不減胡羊酥。」就大大讚美燒烤豬肉，其味美不亞於燒羊肉。

慈禧太后點讚燒臆子

北宋京都設在開封，當時街市繁華無比，官商行旅人口稠密，飲食業高度發達，名菜中有一種用炭火烤製的豬胸叉肉，是官場應酬時常點的大菜，它就是今天開封市「燒臆子」的前身，後來因時代變遷而一度失傳。在孟元老的《東京夢華錄·飲食果子》一節中還可以找到當時的記載：「鵝鴨排蒸、荔枝腰子、還元腰子、燒臆子……」

一九〇一年十一月十二日，「西狩」回京的慈禧和光緒途經開封，一行人在開封停留了三十二天，開封名廚陳永祥主辦御膳。慈禧後來行至豫北淇縣仍餘味未盡，禁不住再次特招陳永祥去辦「御膳」。在淇縣，陳永祥一改開封菜餚，精心製作「燒臆子」。他曾按照文獻記載摸索烹製北宋名菜「燒臆子」，受到一些達官貴人的稱讚。慈禧太后品嘗陳永祥做的這道菜後非常滿意，倍加欣賞，特意召見他、仔細詢問此菜由來。太后知道「燒臆子」是北宋皇家菜餚後，更加高興，重賞了陳永祥許多金銀，陳永祥這次獲得了「御廚」的稱號，名聲大振。

陳永祥是開封人，他還有另一道經典名菜——「套四寶」，是在傳統名菜「套三環」的基礎上改進而成。後其嫡孫陳景和、陳景旺兄弟繼承和發展了這一絕技，使菜餚的色香味形更為完美。套四寶便成開封的傳統菜餚，堪稱「豫菜一絕」。

燒臆子的製法需要將豬的胸叉肉切成上寬二十五公分、下寬三十三公分、長四十公分的方塊，順排骨的間隙戳穿數孔，把烤叉從排面插入，在木炭火上先一面燒透，然後用涼水將肉浸泡三十分鐘後，取出，順著排骨間隙用竹籤扎些小孔，俗稱放氣，便於入味，再翻過來烤帶皮的一面。邊烤邊用刷子蘸花椒鹽水（事先用花椒與鹽加開水煮成）刷在排骨上，使其滲透入味。烤四小時左右，至肉的表面呈金黃色、皮脆酥香時離火。陳家燒臆子還要刷上兩層香醋，香醋可以使皮變得酥脆。趁熱用刀切成大片，裝盤上席即成。這時仍可聽見燒肉吱吱作響。吃時配以「荷葉夾」和蔥段、甜麵醬各一碟。成菜色澤金黃，皮脆肉嫩，香味濃厚，爽口不膩。愈嚼愈有味，直到滿口生香，久而不散，實在令人大開胃口。

簽菜：從北宋流傳下來的豫菜名菜

我對簽菜的認知原來比較模糊，一直以來，我以為從熟食店買來的牙籤肉、雞肉或羊肉用牙籤串起來油炸之後就是簽菜了。我在一位兄長家吃過牙籤里脊串，那是第一次帶著女朋友到同事家裡做客，他們專門做了這樣一道菜。里脊肉切成片，用生抽等調料醃製，再一片片串到牙籤上，過熱油，炸至焦黃即可，吃起來香酥味美。後來，尋味開封，立志做好一個資深吃貨的時候忽然發現，多年來我竟然搞錯了，陷入了字面意思的表層誤區。簽菜，原來是一類菜的總稱，還屬於高級菜餚呢！

何為簽菜？

我讀到一段文字，源自《司膳內人玉食批》，大約是宋孝宗做太子時，高宗賜他的「菜單」，如果只看菜名，裡面有「羊頭簽止取兩翼，土步魚止取兩腮。以蝤蛑為簽、為餛飩、為棖甕，止取兩螯，餘悉棄之地，謂非貴人食……」太子所吃甚是浪費，羊頭只取兩翼，「翼」應作「頤」，即臉肉；「蝤蛑」就是梭子蟹，也可以做成簽菜。說明太子飲食取料之精選奢侈，但也說明了「簽」、「餛飩」、「棖饔」都是以肉為原料的食品。「餛飩」比較好懂，「棖饔」是什麼？原來，「棖饔」即「橙蟹」，這在《山家清供》裡有記載，就是把橙子掏空，塞進蟹肉烹製。這就證明簽和餛飩、棖饔一樣，都是一種包餡的東西。

簽菜可以上溯到古膳食八珍之一的肝膋，就是以網油蒙於肝上，烤炙而成。《禮記・內則》：「肝膋，取狗肝一，幪之以其膋，濡炙之。」鄭玄註：「膋，腸間脂。」取狗肝用腸間脂包好，放火上炙烤，待腸脂乾焦即成。宋代的簽菜就是由肝膋發展演變而來。宋代有一種菜餚相當風行，即「簽」，「簽」在古時解釋為「簇*籠」，即一種圓筒狀包裹餡料、像筷子的食品。兩宋的酒樓中叫「簽」的菜很多，如在《東京夢華錄》中就記有細粉素簽、入爐細項蓮花鴨簽、羊頭簽、鵝鴨簽、雞簽等，在《夢粱錄》中有鵝粉簽、葷素簽、肚絲簽、雙絲簽、抹肉筍簽、蝤蛑簽等，在《武林舊事》中，記有奶房簽、羊舌簽、肫掌簽、蝤蛑簽、蓮花鴨簽等，在《西湖老人繁盛錄》中，記有葷素簽、錦雞簽、蝤蛑簽等。宋代的簽菜深受吃貨們的喜愛，宋代洪巽《暘谷漫錄》記載了一則事例：「廚娘請食品、菜品資次，守書以示之，食品第一為羊頭僉，菜品第一為蔥虀。」「羊頭僉」就是「羊頭簽」。

到了元代，簽菜亦稱「鼓兒籤子」，被視為奇珍異饌而為宮廷菜餚。元《飲膳正要》載鼓兒籤子做法：羊肉（五斤，切細）、羊尾子（一個，切細）、雞子（十五個）、生薑（二錢）、蔥（二兩，切）、陳皮（二錢，去白）、料物（三錢）上件，調和勻，入羊白腸內，煮熟切作鼓樣，用豆粉一斤、白麵一斤、咱夫蘭一錢、梔子三錢，取汁，同拌鼓兒籤子，入小油炸。鼓兒籤子酥脆可口。這裡的鼓兒籤子還是沿襲宋代簽菜的做法，只是原料有所變化而已。

簽菜與牙籤無關

宋菜中稱「簽」的有很多，有人臆斷為原料切成牙籤狀製作的菜，還有學者稱簽就是主料切成細絲的羹湯。杭州市飲食服務公司宋菜研究組依據史料及有關研究成果，同開封市飲食研究所一起探討和考察了宋時流傳至今的開封籤子菜，從而糾正了「簽菜即牙籤狀菜」的說法，確認《博雅》所說的「簽，篙籠也」，即簽是指把原料採用像筷筒一樣包攏起來所製作的菜。按照開封傳承下來的做法，以簽命名的菜一般是主料切絲，加輔料蛋清糊成餡，裹入網油捲蒸熟，拖糊再炸，改刀裝盤。

《朱子語類》卷第一百三十載：「介甫每得新文字，窮日夜閱之。」這個王安石

＊此處音同「瑩」。

喜歡吃羊頭簽，「家人供至，或值看文字，信手撮入口」，直接下手捏了，連筷子都不用。在這裡我們得知：簽本該用筷子夾著吃的，王安石因為「看文字」而沒有時間，就信手撮入口中。

《宋稗類鈔》卷第三十一描述了一位廚娘製作羊頭簽的過程：「廚娘操筆疏物料：『內羊頭簽五分，各用羊頭十個；蔥虀五碟，合用蔥五斤，他物稱是。』守固疑其妄，然未欲遽示以儉鄙，姑從之，而密覘其用翊旦。廚師告物料齊，廚娘發行奩，取鍋銚盂勺湯盤之屬，令小婢先捧以行，璀璨溢目，皆白金所為，大約計六、七十兩，至於刀砧雜器亦一一精整。旁觀嘖嘖。廚娘更圍襖圍裙，銀索攀膊，掉臂而入，據坐交床，徐起取抹批臠，慣熟條理，真有運斤成風之妙，其治羊頭簽也。漉置几上，別留臉肉，餘悉置之地。眾問其故，曰：『此皆非貴人所食矣。』……凡所供備，馨香脆美，濟楚細膩，難以盡其形容。食者舉筋無贏餘，相顧稱好。」從這裡我們可以看出，「羊頭簽」主要用羊臉肉，其味道「馨香脆美」。吃「簽」這種菜得用筷子，除非您學王安石下手捏。

開封傳承正宗的北宋簽菜

一九八一年春節，在商業部召開的烹飪書刊編輯工作座談會上，來自開封的名師孫世增特地做了一道簽菜，大致工序是：吊蛋皮，捲餡，油煎。流行開封的簽菜與北宋東京簽菜仍有師承關係，開封簽菜的製作方法別具一格。以炸雞簽為例：先將雞胸肉切成細絲，用溼粉芡、蛋清、蔥、椒及佐料一起拌成餡；再以花油網裹餡成卷，上籠蒸透，外面再掛一層蛋糊，入油鍋炸至呈柿黃色，然後切成象眼塊裝盤，撒上花椒鹽即可食用。

再以地方傳統名菜肝簽為例，以豬肝為主料，以雞胸肉為輔料，用豬網油捲後，經蒸、炸而成。生豬肝切成細絲，放進開水鍋裡稍燙一下，用水淘涼，搌乾水分，與加入調料的雞肉糊放在一起攪勻後分成幾份。豬網油片平放在案板上，抹一層蛋清糊，順掌放一份肝絲和雞肉糊。將豬網油的兩頭折起，捲成直徑約兩公分的卷，放在盤內上籠蒸熟，取出放涼，再抹上一層蛋清糊。炒鍋置旺火上，添入花生油，燒至七成熱時放入肝卷，炸呈柿黃色酥脆時撈出，切成四公分長、一公分厚的斜刀塊，裝盤即成。外帶花椒鹽蘸食，此菜特點是焦嫩鮮香，為佐酒佳餚。

孫潤田主編的《開封名菜》裡有一道炸腰簽，就是按照北宋傳承下來的做法，以腰子為原料，一般用豬油網為皮，包裹成筒狀，上籠蒸透，再放入七成熱的油鍋中炸呈柿黃色撈出，切成一公分寬的斜刀塊，裝入盤中，外帶花椒鹽食用。

五色板肚與北宋「爊物」

到北京，尋小吃，朋友推薦老北京的滷煮，說是源於宮廷，距今已有兩百多年歷史。他說的是陳記滷煮小腸，最初是賣清宮廷御膳蘇造肉，為適應平民百姓食用，將主要原料五花肉改成了廉價的豬下水，特別是以豬腸為主，變為「滷煮小腸」。「腸肥而不膩，肉爛而不糟，火燒透而不黏，湯濃香醇厚」，堪稱一絕。雖然吃起來很可口，卻叫人不僅想起了汴京的風味小吃，家鄉味是最難忘的風味，其間不僅有鄉愁，更有懷舊和回望。

五色板肚源於北宋的「爊物」。關於爊，《說文》說：「溫器也……和五味以致其熟也。」「爊物」就是後世的滷味，置雞、鴨、魚肉於器中，和五味以文火細煮，以致其熟。《東京夢華錄》卷三〈馬行街鋪席〉記載：「北食則礬樓前李四家、段家爊物、石逢巴子，南食則寺橋金家、九曲子周家，最為屈指。」孟元老專門指出了北宋東京礬樓前有一家姓段的店主開的北食店賣「爊物」——也就是滷煮食品，在京城首屈一指，味道一流的！在北宋，當時市場上已明確標明「南食店、北食店」了，表明中國菜餚的主要風味流派在宋朝時已具雛形。這滷煮食物相當受市場歡迎，不但位置好，而且味道好。南渡多年之後，還叫孟元老念念不忘它的美味。

百歲寓翁《楓窗小牘》卷上記載：「舊京工伎固多奇妙，即烹煮盤案，亦復擅名。如王樓梅花包子、曹婆肉餅、薛家羊飯、梅家鵝鴨、曹家從食、徐家瓠羹、鄭家油餅、王家乳酪、段家熝物、石逢巴子南食之類，皆聲稱於時。」這百歲寓翁名叫袁褧，他在南遷之後回憶北宋京城，記載了關於「熝物」等美食的回憶。

開封民間至今還流傳著另一個版本的「熝物」故事，與魯智深有關。話說魯智深還是魯達的時候，在渭州小種經略相公手下當差，任經略府提轄，有一次去酒館喝酒，替金氏父女出氣。三拳打死了鄭屠戶，後被官府追捕，逃到五臺山削髮為僧，改名智深。卻又因酒大鬧五臺山，長老便介紹他去東京大相國寺，長老的一個師弟在那兒當長老。大相國寺的長老也不敢把魯智深放在廟裡，只派他去酸棗門外看守菜園。幾個潑皮無賴被他制服之後，個個心服口服。魯智深每日率眾舞槍弄棒，練拳習武。當時汴河南岸有一家「五舍」號酒店，擅長滷製各種下水，眾潑皮每日於「五舍」號買些滷肚孝敬魯智深，酒肉穿腸過的花和尚，甚是歡喜。他經常邀請江湖朋友來吃酒品菜，這「五舍」號酒店的滷肚就此聞名。（參閱《開封市食品志》，一九八六年油印本）

到了清光緒年間，祖籍江南的陳姓醬肉師傅來開封，在山貨店街開辦了「陸稿薦」醬肉店，別出心裁，佐以多種配料，把南方風味與北宋「五舍」號滷肚風味相融合，精心製作出板肚，因其刀口斷面呈紅、白、黃、綠、褐五種顏色，於是就取「舍」的諧音稱之為「五色板肚」。開封五色板肚表面平整，棕黃光亮，鹹甜適口，醇香味厚。

五色板肚製作工藝較為複雜，必須選取新鮮豬肚，經加工修剪、浸泡整理乾淨，精選肥瘦比為三比一的豬肉，剔除筋膜，切成丁狀，佐以精鹽、白糖、料酒、上等香料等進行醃製，然後配以香菜、松花蛋裝入豬肚中，將切口封嚴，經滷製重壓透涼而成。吃的時候切成薄片裝盤，味道獨特，誘人食欲，既可宴席待賓客，又可家中做佳餚。

汴京火腿：宗澤製作的「家鄉肉」

我一直覺得汴京火腿與金華火腿有著一定的聯繫，就像開封與杭州一樣，大宋分南北，這火腿是不是也與大宋有關聯呢？

汴京火腿俗稱「鹹肉」，在開封已經有八百多年的生產歷史。汴京火腿皮薄肉嫩、顏色嫣紅，肥肉光潔、色美味鮮，氣醇香，又能久藏。清代趙學敏著的《本草綱目拾遺》中稱「鹹肉味鹹，性甘平，有補虛開胃、平肝運脾、活血生津、滋腎足力之功效。」

汴京火腿和金華火腿該是同根同源，為什麼這麼講呢？二者都牽涉到一個人和一件歷史大事——宗澤和東京保衛戰。北宋末年，金兵大肆入侵中原，於一一二七年南渡黃河，不久攻占了北宋都城東京。金兵在東京城內，殺害百姓，擄掠財物，無惡不作，就連宋徽宗和宋欽宗兩個皇帝都當了他們的俘虜，北宋滅亡。康王趙構一一二七年五月宣布即位，就是宋高宗。後來又繼續南逃，建都臨安。

宗澤，浙江義烏人，是著名的抗金將領，岳飛最初就是在他的賞識和提拔下，逐漸成長起來。趙構逃跑時，任命宗澤擔任東京留守。宗澤招募人才，整頓軍隊。東京淪陷後，宗澤和子弟兵們義憤填膺，個個在臉上刺下「赤心報國，誓殺金賊」八個字，立誓要抗擊金兵，收復失地，就是後來「威震河溯」的「八字軍」。

傳說宗澤收復汴京以後，到南京向宋高宗報捷，順便回到金華、義烏去探望「八字墾軍」的家屬。鄉親們聽說宗澤和八字軍打了勝仗，家家戶戶趕緊殺豬做酒，請宗澤帶去慰問子弟兵。宗澤看著鄉親們送來這麼多豬肉，十分為難：東京離這裡路途遙遠，新鮮的豬肉如何帶得了？可是，鄉親們如此熱愛子弟兵，盛情難卻呀！於是，他想出一個主意，派人找來幾艘大船，把豬肉放在船艙裡，然後放上硝鹽，帶回了東京。

宗澤回到東京，八字軍將士紛紛前來打探家鄉父老的情況。宗澤高興地說：「家鄉父老們都很好，希望大家英勇地抗擊金兵。你們看，鄉親們還叫我帶來好東西慰問大家！」說著，宗澤叫人打開船艙，只見裡面都是醃製好的豬肉，色紅如火，發出一陣陣香味。大家趕緊把豬肉做成菜餚，吃上一口，滿口泛香，人人讚不絕口，精神振奮，都來問宗澤：「將軍，這豬肉怎麼這樣好吃呀！」宗澤笑說：「這就叫『家鄉肉』。」大家聽了，不由得說道：「是呀，今天吃了家鄉的肉，抗金的鬥志就更高漲啦！」於是，人們就管這種豬肉叫做「家鄉肉」。

過了幾天，正巧宋高宗來到東京慰問宗澤和八字軍。宗澤就把這些豬肉燒成各種菜餚，請宋高宗品嘗。宋高宗看著這一盤盤火紅的菜餚，十分高興，等吃到嘴裡，味道十分鮮美，就問宗澤：「這是什麼菜呀，又好看，又鮮美？」宗澤笑呵呵地回答道：「陛下，這是『家鄉肉』，是從家鄉帶來的豬腿肉。」宋高宗讚不絕口地說：「好一個家鄉豬腿肉！你看它，色紅如火，如火之腿，就叫它火腿吧！」

火腿之名是在開封誕生的，無論金華火腿還是汴京火腿，其原產地都是汴京。汴京火腿就此在開封盛行，成為古城一道傳統風味食品。民國初年，以「北味芳」所製的汴京火腿最為著名。

汴京火腿選擇鮮豬後腿，修割成型後呈扁平橢圓狀，分大爪、上腰、中腰、腿角等幾個部位，佐以料酒、硝鹽少許，香料多味，上鹽反覆揉搓，翻灌多次，醃製二十五天左右，再經適度晾晒風乾而成。外表乾燥清潔、質地密實，肥肉潔白，瘦肉嫣紅，色美肉嫩，醇香味鮮。汴京火腿可以有多種吃法，可以單獨裝盤，也可以配蔬菜，可以蒸、煮、炒、燉、煨，還可以燒湯，每一種做法吃起來都令人回味無窮，這就是汴京火腿的魅力。

杞憂烘皮肘與琥珀冬瓜

多年前，十六歲考上北大的杞縣才子趙國棟，在京師名校向同學自我介紹的時候，怕說自己是河南杞縣人，同學們沒有地域概念，總不忘追加一句「就是杞人憂天的杞縣人」，對方就會一副恍然大悟的樣子。杞縣雖說是個縣城，用阿Q的話講「我祖上比你闊」，是的，古時曾經很厲害，為杞國，今天所說的杞憂烘皮肘就與杞國深有關聯。琥珀冬瓜更是與北宋舊都開封有關，這一葷一素皆有傳說和文化，泡一壺茶暫且慢慢品味吧。

何以解憂，唯有烘皮肘

小時候聽到杞人憂天的傳說，不以為然，現在看來，古代的杞人真是有先見之明啊！霧霾天氣的持續，今人也開始「憂天」。列子在著作中記載了當年的杞國人是如何憂天的：「杞國有人憂天地崩墜，身亡所寄，廢寢食者。」（《列子．天瑞》）列子沒有介紹後續的事情，這憂天人最後是怎麼釋懷了呢？原來竟是這樣一道美食——

烘皮肘，治好了他的心病。

在杞縣當地，傳說是這樣的，比列子敘述得詳細。很早之前，古代的杞國是天地的中心，叫中天鎮，到了春秋戰國時期改名為杞國，杞國地理位置重要，乃兵家必爭之地。杞國又是烹飪始祖伊尹長眠之地。當時杞國有一老者，整日裡胡思亂想，怕這怕那，憂心忡忡。有一天他到女兒家去做客，酒足飯飽之後回家去，剛走至半途，突然下起暴風雨來。一時間，狂風驟起，電閃雷鳴，天陡然黑了下來。直嚇得這老人雙手抱頭，哆哆嗦嗦，龜縮在一棵大槐樹下，忽然「轟隆」一聲炸雷，頓時把老人嚇得昏了過去。天晴之後，他兒女四處找尋，好不容易把父親找了回來。從此後，老人又多了一個心病，他預言終有一天天會塌下來。兒女們為了治好老父親的病，回去請醫問藥，好不容易治好了風寒症。可心病怎麼也治不好，兒女雖然費盡了力，破費了不少錢財，老人家的病卻日益嚴重。整日憂愁，悶悶不樂，害怕天塌下之後，人們將會遭受滅頂之災。因此，日復一日，茶飯不思，身體逐漸消瘦。這位老是「憂天崩墜」茶不思、飯不食、夜不寐的老者，就此步入了中華歷史，多年之後，他的憂思成為國家級非物質文化遺產。

接著說這位茶飯不思的老者，他的好朋友知道他擔心天塌下來，於是想寬寬他的心，便把他邀請到府中以理相勸。老者的朋友是個廚師，他明白老者因為「憂天」而焦慮過度，傷及胃脾，致使食欲不振，於是特意饗以自製美味「烘皮肘」。豬肘瘦肉多，本就好吃，燒烘時加冰糖、銀耳以潤肺清火，加枸杞以補腎，加紅棗以補肝，加黑豆以壯筋，加蓮子以補脾胃。竟使得老者在茅塞頓開之後，食欲大增。此菜不但味美，而且補虛健身，可以延年益壽。老者回家後命人如法炮製，一日一餐，憂慮漸消，身體很快恢復健康。此菜傳開後，成為杞國的一道地方名菜，故取名「杞憂烘皮肘」。

杞憂烘皮肘取料講究，製作精細。取一斤半重左右的豬前肘，將肘子皮朝下放在鐵笊籬中，放在旺火上，燎烤十分鐘左右，放入涼水盆內，將黑皮刮淨，再把肘子皮朝下放在笊籬中，上火燎烤，如此反覆三次，肉皮刮掉三分之二。再將刮洗乾淨的肘子放湯鍋裡煮五成熟，撈出修成圓形，皮向下偷刀切成菱形塊，放碗內，將切下來的碎肉放在上面。將泡煮五成熟的黑豆和洗淨的枸杞果放碗內，上籠用旺火蒸兩小時。紅棗兩頭裁齊，將棗核捅出。蓮子放在盆內加入開水和鹼，用齊頭炊帚打去外皮，沖洗乾淨，截去兩頭，捅去蓮心，放在碗內，加入少量豬油，上籠蒸二十分鐘，取出潷去水分，裝入棗心內，再上籠蒸二十分鐘。鍋內放入鍋墊，把蒸過的肘子皮朝下放鍋墊上，添入清水兩勺，放入冰糖、白糖、蜂蜜，把裝好的大棗放上，用大盤扣著，用大火燒開，再移至小火上半小時。呈琥珀色時，去掉盤子，揀出大棗，用漏勺托著鍋墊扣入盤內。將黑豆、杞果倒入餘汁內，待汁烘起，盛肘子入盤，略加整形，點以銀耳即成。

這道菜透明發亮，色似琥珀。吃起來皮烘*肉爛，香甜可口，是一道補肝腎、潤心肺、壯筋骨的藥膳佳餚。

把冬瓜做成佳餚

開封還有一道菜也是成琥珀色，這道菜是純素菜。中餐講究色香味，成語有「秀色可餐」。琥珀原是古代樹脂的化石，顏色深紅，光亮豔麗。人們習慣在一些菜餚前冠以「琥珀」二字。賈思勰在《齊民要術》中記載了「琥珀湯」，說它「內外明澈如琥珀」，後世延續了很多琥珀菜餚。把肘子做成琥珀色容易，把冬瓜做成琥珀色需要功夫了。

冬瓜是最平常的食材，可葷可素，既是家常菜，又是宮廷菜，可與豆腐青菜為伍，可與山珍海味為伴。北宋時期，宋仁宗召見江陵張景時問道：「卿在江陵有何貴？」張答：「兩岸綠楊遮虎渡，一灣芳草護龍州。」仁宗又問：「所食何物？」張

---

*烘，指用小火慢慢把食材的水分蒸發。烘好的食物一般是金黃色或炭黑。

答：「新粟米炊魚子飲，嫩冬瓜煮鱉裙羹。」從此以後，這道民間的甲魚裙邊和雞湯一起燉冬瓜，成了宋代宮廷名菜「冬瓜鱉裙羹」。

「琥珀冬瓜」由宋代的「蜜煎冬瓜」演變而來，《居家必用事類全集》記載了蜜煎冬瓜的做法：「經霜老冬瓜去青皮，近青邊肉切作片子。沸湯焯過放冷。石灰湯浸沒四宿。去灰水同蜜半盞於銀石砂銚內煎熟，下冬瓜片子，煎四五沸，去蜜水。別入蜜一大盞，同熬，候冬瓜色微黃為度。入瓷器內，候極冷方可蓋覆……」以經霜冬瓜為主料，用白糖、冰糖加清水收靠而成，因色澤如琥珀，故名。宋代鄭清之有〈詠冬瓜〉詩：「剪剪黃花秋復春，霜皮露葉護長身。」明清諸多飲食典籍中有烹製冬瓜的方法，如《多能鄙事》的蜜煎冬瓜，《群芳譜》的蒜冬瓜，《養小錄》的煮冬瓜、煨冬瓜等。冬瓜的做法很多，但是最受歡迎的還是開封各大飯店的琥珀冬瓜。琥珀冬瓜色澤棗紅、嫩甜筋香，深受消費者歡迎。經開封歷代廚師不斷改進，到了清代中晚期已經成為獨具特色的高級甜菜。相傳，光緒末年，開封山敬樓飯莊的名廚王風彩製作此菜最有名，一九四〇年前後，又經名廚蘇永秀改進，將冬瓜刻成各式各樣的水果形狀，才形成色、形、味俱佳的饌餚，被視為新飯店名菜。此菜一九九二年被收入《中國烹飪百科全書》，二〇〇〇年二月被認證為中國名菜。

琥珀冬瓜屬於甜菜類，製作時選用肉厚的冬瓜，去皮後刻成佛手、石榴、仙桃形狀，晶瑩透亮。鋪在箅子上，放進開水蘸透，再放進鍋內，兌入去掉雜質的白糖水，武火燒開後改用小火，至冬瓜呈淺棗紅色、汁濃發亮時即成。在魚、肉居多的宴席上，嘗上幾口琥珀冬瓜，真是清爽無比。冬瓜味甘淡而性微寒，有利尿消痰、清熱解毒的功效，有較好的減肥作用。

如果按照我的喜好，在開封飯店裡面點菜的時候，會讓杞憂烘皮肘與琥珀冬瓜一起上席，吃一口杞憂烘皮肘忘掉憂愁，再吃一口琥珀冬瓜減去脂肪，葷素搭配，吃飯不累。

櫻桃煎和大耐糕

櫻桃好吃煎更佳

請庖丁來操刀，易牙主管烹熬。水要新鮮，鍋具要乾淨；火候要有變化，柴火不要添得太快。九次蒸，再九次晒，上下翻滾，讓湯慢慢熬。品嘗項臠的美味，大嚼秋天的蟹螯。用蜜把小櫻桃煎煮得酥爛，熱氣騰騰的杏酪*配著蒸熟的羊羔。加入酒烹飪的蛤蜊半生半熟，用酒糟醃過的螃蟹稍稍帶生。彙集最新鮮美味的食物，來滋養我這個貪吃的老饕。這是蘇東坡〈老饕賦〉中的一段描述，人中龍鳳的蘇東坡不但文章好、書法好，而且還是個資深吃貨，不但會吃，還會做。用蜂蜜煎櫻桃就是北宋的一道名菜——櫻桃煎。

櫻桃煎的做法：「不以多少，挾去核，銀石器內，先以蜜半斤，慢火熬煎，出水控向筲箕中令乾，再入蜜二斤，慢火煎如琥珀色為度，放冷以甕器收貯之為佳也。」（參閱《事林廣記》）很明顯，這是指櫻桃糖製品的製作。

櫻桃為薔薇科植物，櫻桃的果實味甘性溫，含有糖類、檸檬酸、酒石酸、維生素等成分。具有益氣、祛風溼之功效，適用於癱瘓、四肢不仁、風溼腰腿疼、凍瘡等症。

《本草綱目》載：「櫻桃，處處有之，而洛中者最勝。其木多陰，先百果熟，故古人多貴之。其實熟時深紅色者，謂之朱櫻。紫色，皮裡有細黃點者，謂之紫櫻，味最珍重。又有正黃明者，謂之蠟櫻。小而紅者，謂之櫻珠，味皆不及。極大者，有若彈丸，核細而肉濃，尤難得。時珍曰：櫻桃樹不甚高。春初開白花，繁英如雪。葉團，有尖及細齒。結子一枝數十顆，三月熟時須守護，否則鳥食無遺也。鹽藏、蜜煎皆可，或同蜜搗作糕食，唐人以酪薦食之。」唐代喜歡櫻桃和乳酪一塊吃，到了宋代這種吃法還一度流行，如宋代詩人陸游云：「蠟櫻、桃子、酪同時。」梅堯臣則曾做詩云：「昨日酪將熟，今日櫻可餐。」

《本草綱目》記載了櫻桃「同蜜搗作糕食」的吃法，與櫻桃煎是不同的做法。南宋林洪的《山家清供．櫻桃煎》記載：把櫻桃用梅水煮爛去核，放到模子裡搗實壓為極薄而帶花紋的餅子，再加上蜜食用。楊萬里還有詩贊曰：「何人弄好手，萬顆搗虛脆。印成花鈿薄，染作冰澌紫。此果非不多，此味良獨美。」薄餅該如現在蛋捲一樣

＊即為杏仁茶。

薄吧，並且還有花紋，只是不明白為什麼這餅也叫做「櫻桃煎」呢？製作過程中以櫻桃煮水，再做成餅，成品卻是餅啊！徐珂後來給我解了惑，《清稗類鈔．飲食類》裡「蜜煎」記載：「俗稱蜜浸果品為蜜煎，蓋源於吳自牧《夢粱錄》所載『除夕，內司意思局進呈精巧消夜果子合，合內簇諸般細果、時果、蜜煎、糖煎等品』也。是宋時已有此稱矣。後改為蜜餞。」

既然《夢粱錄》裡面有關於蜜煎的記載，《東京夢華錄》裡面一定也有，果然在卷二找到了。孟元老回憶說：又有托小盤賣乾果子，乃旋炒銀杏、栗子……李子旋櫻桃、煎西京雨梨……

櫻桃淋了雨，就會從內部生蟲，人眼看不見。用一碗水浸它一段時間，那些蟲就會爬出來，櫻桃才可以吃。

元代忽思慧的《皇家飲食調養指南》關於櫻桃煎的做法是：五十斤鮮櫻桃，提取果肉中的汁液；二十五斤白砂糖。將以上原料混合在一起，放入鍋中加清水熬煮，直至原料中的成分充分溶於水中。如果家中製作，按比例減少即可，不過不要忘記放入白糖。

蘋果原來可以這樣吃

向敏中的後人「向雲杭公兗，夏日命飲作大耐糕，意必粉麵為之。及出，乃用大李子。生者，去皮剜核，以白梅、甘草湯焯過，用蜜和松子肉、欖仁，去皮，核桃肉去皮，瓜仁劃碎，填之滿，入小甑蒸熟，謂耐糕也。非熟則損脾。且取先公大耐官職之意，以此見向者有意於文簡之衣缽也。」文簡即北宋宰相向敏中（九四九年～一〇二〇年）的謚號。《宋史．向敏中傳》中記載，他居大官職位三十年之久，曉暢民政，善處繁劇。真宗對他讚賞有加。

大耐糕不是麵粉做的，是以大李子果為主料製作而成，而大耐糕與開封人向敏中有著緊密關聯。話說向敏中被任命為右丞相的那天，宋真宗對右諫議大夫李宗諤說：「朕自即位以來未曾任命僕射，這次向敏中是特殊的任命，應該是他大喜的日子。今天他家中賀客一定很多，卿往觀之，別說這是我的意思。」當李宗諤來到向敏中家裡時，「門闌寂然，宴飲不備」，處之如常，毫無喜慶之舉，太低調了，簡直低到了塵埃裡。與過去那些「宰相受命」之日大宴親朋好友，以示光宗耀祖的情況大不相同。宋真宗得知這一情況後，極為歎服，不由得感歎道：「敏中，大耐官職。」並稱讚他有氣度、有見識，不以「權寵自尊」，而又有為人自然直率的廉潔品質。南宋時期，向氏後代向雲杭便將家中的一道菜餚取名為「大耐糕」，以誌紀念。「大耐」者，寵辱不驚也。明代人李東陽詩：「文靖舊無旋馬地，敏中原有耐官心」用的就是這個典故。

大耐糕從北宋的相爺府第走進開封市井，百姓喜歡，不僅把大耐糕當成一種食品，更賦予它精神和文化的內涵。只不過用常見的蘋果替代了大李子。廉官志士、文人墨客，不但用大耐糕招待親朋好友，也常常以吃此菜為樂事，以吃此菜為榮。吃著這道菜，講述著它的故事，很是舒爽。一些外地遊人來汴京，知道向敏中這個故事的，必以吃大耐糕為快。

「文革」中大耐糕遭到封殺，說是封建殘餘，禁止製作。改革開放後，中國烹飪名師、特級烹飪師李全忠發掘、整理，使大耐糕重新面世。如今大耐糕的做法是：取個頭小巧的蘋果，削皮去核，製成果盒形狀，裝入棗泥及配料，表面用瓜子仁或杏仁點綴為花形，入籠蒸熟，澆蜜汁即可。棗泥甘溫，蘋果甘涼，二者合烹而甘平，有補脾和胃、益氣生津、開胃醒酒、滋補氣血的食療功能。

算條巴子：皇帝的經典御菜

小時候，每年「迎冷」（天氣變冷）的時候，母親都會把秋後的白蘿蔔洗淨，切成條攤在高粱箔上晾晒，將沒有醃製過的蘿蔔條晒乾，吃的時候再用溫水泡，加入食鹽、味精，再淋上幾滴小磨香油，吃起來鬆軟筋道、美味可口。這蘿蔔條被四川人實現了工業化，超市中隨處可以買到「爽口蘿蔔條」，只不過是用胡蘿蔔加工的，往往會加入辣椒和白砂糖，當然還有食用添加劑，賣相很好，卻不環保。還是老家純手工製作的蘿蔔條好吃，食品安全不說，關鍵是鄉愁味道在其中啊！為什麼扯上了蘿蔔條？因為李開周老師《吃一場有趣的宋朝飯局》裡有一篇文章，叫〈條子來了〉，說的是宋代的一種形象食品：「假如您在宋朝逛夜市，聽到小吃攤上傳來一聲悠悠長長地吆喝：『客官——條子來了！』可千萬別以為是警察，那只是某個饕客點了一碟算條子，攤主正在給他端上餐桌而已。」「算條子」即算條巴子，宋代的算條巴子與現在百姓家製作的白蘿蔔乾有著異曲同工之處，外形相同，製作過程相似，只不過調料有變化罷了。

為什麼這類菜叫做條子？

算條巴子，從字面上看，一定與算盤有關係。不錯，早在春秋時期，中國普遍使用一種籌算，東漢時期使用的算盤形狀與現在使用的算盤不一樣，沒有橫梁隔木，上邊一只運算元，下邊四只運算元，用不同的顏色來區分上下的運算元。唐代末年，籌算乘除法已經開始使用，到了宋代，籌算的除法歌訣開始傳播，當時的算盤已經接近現在的模樣，開封商業店鋪、帳房廣泛使用算盤了。在《清明上河圖》中，「趙太丞家」店內櫃檯上可以清晰地看到一架算盤靜靜躺著。

宋代做此菜時，先將豬肉精肥各切作三寸長，如運算元樣，用砂糖、花椒末、宿砂末調和，拌勻後，晒乾蒸熟。正是因為切成的肉外形像籌算，所以才稱為算條巴子。

「巴」是什麼東西？

媒體曾經報導，現代人為保持海鮮新鮮，用尿浸泡——〈用尿浸泡以保持鮮活「尿泡海鮮」駭人出籠〉（《天府早報》二〇〇一年十二月十一日）。青石橋海鮮市場的一位老闆陳某指著水箱裡的基圍蝦、米蝦對記者講：如果沒有氧氣泵輸氧，蝦在一個多小時內就會死去，但往水裡注入氨氣，或加入一些尿在水中，蝦至少可以活上超過一天。

其實這樣的事早在北宋就有人做了，宋代筆記小說中多有記載，如《清波別志》前志說：「承平時，淮甸蝦米入京，浸以小便，則紅潤如新……京師東華門何吳二家造魚鮓，十數臠作一把。號把鮓。著聞天下。文士有為賦詩，誇為珍味。」《清波雜志》卷十二說：「又見故老言：承平時，淮甸蝦米，用席裹入京，色皆枯黑，無味。以便溺浸一宿，水洗去，則紅潤如新。」經過小便浸泡過的蝦米，吃貨們大大點讚，相互傳頌稱味道好，交口稱讚「味益緊而味回」。這是淮南地方的蝦米運至東京市場上時，為使其看來紅潤以利於銷售而採取的一種辦法。這種「保鮮法」不僅用於蝦米，還用於魚的保鮮，頗受消費者歡迎。

李于潢的〈汴宋竹枝詞〉對此也有描寫：「隔坐聞呼博士聲，路旁犯鮓總馳名。梅花包子婆婆餅，攜向徐家就瓠羹。」南宋杭州人吳自牧在《夢粱錄》卷十六〈肉鋪〉中記載南宋故都杭州肉類製品時說：「且如犯鮓，名件最多，姑言一二。其犯鮓者：算條、影戲……」

家住杭州的著名學者周密在《武林舊事》卷六〈市食〉和〈犯鮓〉中也記述了炙鮓犯、鹿肉犯子、算條、胡羊犯、兔犯、獐犯等食物。南宋佚名《西湖老人繁勝錄》在〈肉食〉中也列舉了算條犯、紅羊犯、影戲犯、椒醋犯子等食品。

犯，通巴、羓，又作豝*。《水滸傳》第二十一回說：「有財帛的來到這裡，輕則蒙汗藥麻翻，重則登時結果，將精肉片為羓子，肥肉煎油點燈。」

宋高宗吃過這道菜

說到現在，大家明白算條巴子是什麼東西了吧。運算元就是古代計算用的籌碼，呈條狀。巴的形狀多樣，「算條」、「影戲」、「紅羊」等都是以形狀命名的巴類食物。巴和算條均始見於宋代，算條就是條狀的巴，需先晒乾再蒸熟。這樣蒸製出的肉食內外味道一致，非常鮮美。孟元老《東京夢華錄》卷二〈飲食果子〉在介紹汴京飲食市場之繁榮時，列舉了「脆筋巴子」和「獐巴」等食物。算條巴子是宋代汴京和臨安兩地市民所喜愛的一道家常名菜，後來成為宮廷名菜，南宋清河郡王張俊在府中宴請宋高宗的宴席中就有這道菜。《武林舊事》列出了菜譜，其中就有算條、魚肉影戲、界方條等。

製作巴子時，多取牲畜之肉，切成長方塊，加調料拌勻、晒乾、蒸熟而成。也可以不經蒸的過程，直接晒乾成菜品。《事林廣記》記載了幾種巴菜的做法，如筭†子犯：取豬或羊的瘦肉，剁碎加鹽等調料再加入豆粉拌茸，捲成小條，用芭蕉葉墊底，蒸熟取出烘乾。千里犯：鹿肉或羊肉切成條狀。每斤肉用二兩鹽醃，蒸晒而成。因可以久藏，攜帶方便，故名。水晶犯：精羊肉切成長薄條，用鹽、花椒、馬芹、好醋醃一個時辰，然後攤開，在烈日下暴晒，即成透明狀。豬肉也可以做。

我們按照古人的製作流程，也可以做這道宋朝的經典御菜。算條巴子是將各種肉食加糖或鹽和其他調味品拌和後，經太陽晒乾，這同用鹽醃有所區別。食用時，要先加以浸洗，再放入盛器蒸熟即成。蒸時視肉乾鹹淡，可略加蔥、酒、鹽或糖等調味。

＊音同「巴」，指母豬或二歲小豬。

†音同「算」，是古代用來計數的器具。

黃河鯉魚最開封

最近一些媒體熱衷於炒作鄭州的黃河鯉魚，有朋友諮詢說：「不是開封的鯉魚最好嗎？怎麼也隨省會西遷了？」我報之以「呵呵」。開封鯉魚歷史悠久，故事傳說很多，文獻記載也很多，就像古都地位一樣不可撼動，連著名的肯德基還不是在開封鼓樓附近掛上「開封菜」（KFC），何況黃河鯉魚呢？黃河鯉魚開封為最佳，這是公認的事實。資深美食家汪曾祺專門寫過黃河鯉魚，他說：「我不愛吃鯉魚，因為肉粗，且有土腥氣，但黃河鯉魚除外。在河南開封吃過黃河鯉魚，後來在山東水泊梁山下吃過黃河鯉魚，名不虛傳。辨黃河鯉與非黃河鯉，只需看鯉魚剖開後內膜是白的還是黑的：白色者是真黃河鯉，黑色者是假貨。」

宋代皇帝喜歡開封黃河鯉魚

鯉魚是中國古老的名貴魚種之一，素有「諸魚之長，魚中之王」之美稱。在古代，勞動人民就把鯉魚視為美的象徵，做為珍貴禮品互相贈送。《詩經》記載：

「……豈其食魚，必河之鯉；豈其取妻，必宋之子。」古人把美女與鯉魚相提並論，可見鯉魚地位之重要。孔子得了兒子，魯昭公送去一條大鯉魚，表示祝賀，孔子引以為榮，給兒子取名鯉。鯉魚在中國品種繁多，約有四百多種，其中開封黃河鯉魚居諸魚之首。

唐朝時，鯉魚開始很受寵，由於唐朝皇帝姓李，「鯉」與「李」同音，後來皇帝曾下詔：在黃河裡捕住鯉魚，要立即放生，否則治罪。在宋朝，鯉魚大受歡迎，宋太祖征北漢的時候，專門叫屬下帶著鮮活的開封鯉魚以備美餐。北宋東京城「東華鮓」比較知名，它是北宋東京著名餚饌之一。僅《東京夢華錄》記載的就有玉版鮓、苞鮓新荷等數種。宋人周煇的《清波別志》引《瑣碎錄》云：「京師東華門外何、吳二家魚鮓，十數臠作一把，號稱把鮓，著稱天下。文士有為賦詩，誇為珍味。」北宋著名詩人梅堯臣〈和韓子華寄東華市玉版鮓〉詩曰：「客從都下來，遠遺東華鮓。荼香開新苞，玉臠識舊把。色潔已可珍，味佳寧獨舍。莫問魚與龍，予非識物者。」可見當時魚鮓聲譽之高。魚鮓是什麼東西？《齊民要術》是這樣說的：魚鮓的正統原料是鯉魚，魚愈大愈好，以瘦為佳。取新鮮魚，先去鱗，再切成二寸長、一寸寬、五分厚的小塊，每塊都得帶皮。切好的魚塊隨手扔到盛著水的盆子裡浸著，整盆漉起來，再換清水洗淨，漉出放在盤裡，灑上白鹽，盛在簍中，放在平整的石板上，榨盡水。接著將粳米蒸熟作糝，連同茱萸、橘皮、好酒等原料在盆裡調勻。取一個乾淨的甕，將魚放在甕裡，一層魚、一層糝，裝滿為止。把甕用竹葉、菰葉或蘆葉密封好，放置若干天，使其發酵，產生新的滋味。食用時，最好用手撕，若用刀切則有腥氣。

《清波別志》記載了北宋東京城內「東華鮓」的做法：製作時，將鯉魚肉一千克，洗淨後切成厚片，用精鹽醃入味，瀝乾水；花椒、碎桂皮各五十克，酒糟二百五十克、蔥絲、薑絲、鹽一起拌勻成粥狀，放入魚片拌勻，裝入瓷罈內。料酒、清水各半放在一起，把帶糟的魚片洗淨後，再加碎桂皮末二十五克、蔥、薑絲、少許鹽、胡椒粉拌勻，用鮮荷葉包成小包（三、四片一包），蒸透取出裝盤即可。「東華鮓」的特點是糟味濃郁，荷香撲鼻。在醃製過程中，由於米飯中混入乳酸菌，乳酸菌發酵，進而產生乳酸和其他一些物質，滲入魚片中，既可防魚片腐敗，又能使其產生特殊風味，正因為鮓的特殊，而極受人們喜愛。從宋代至明朝，對各類魚鮓的製作均有較詳細的記載。

淳熙六年（一一七一年）三月十五日，宋高宗趙構登御舟閒遊西湖，命內侍買湖中龜魚放生，宣喚中有一賣魚羹的婦人叫宋五嫂，自稱是東京人，隨駕到此，在西湖邊以賣魚羹為生。高宗吃了她做的魚羹，覺出是汴京風味。召見一問，果然就是汴京來的，不禁勾起他的鄉情和對故國的懷念，對她獎賞，並念其年老，賜予金銀絹匹。

從此，她的魚羹聲名鵲起，富家巨室爭相購食，宋嫂魚羹也就成了享譽京城的名餚。有人寫詩道：「一碗魚羹值幾錢？舊京遺制動天顏。時人倍價來爭市，半買君恩半買鮮。」宋五嫂製羹用的就是鯉魚，宋高宗吃出了汴京味，於是捧紅了她的生意。經歷代廚師不斷研製、提高技術，宋嫂魚羹的配料更為精細講究，魚羹色澤油亮，鮮嫩滑潤，味似蟹肉，故有「賽蟹羹」之稱。

開封鯉魚享譽世界

開封黃河鯉魚，口、鰭鮮紅，尾、鱗呈金色，脊灰褐色，腹部白，小嘴金眼，外形美觀、肉味純正、肥嫩鮮美。《清稗類鈔》中說：「黃河之鯉甚佳，以開封為最，甘鮮肥嫩，可稱珍品……」其他則「肉粗味劣……非若豫省中黃河中所產者」。魯迅先生在上海會見蕭軍等著名作家，到梁園豫菜館請客吃飯，特意點了開封的「醋熘黃河鯉魚」以飽口福。開封是黃河鯉魚的主要產區，以開封郊區段黃河所產為正宗。此段黃河西自回回寨，東到柳園口，長十餘公里。黃河出邙山後，進入豫東平原，流速減慢，河面變寬，陽光照射充足，是黃河鯉魚天然的生息繁殖場所，所以此段黃河鯉魚優於其他段所產的黃河鯉魚。

清光緒皇帝及慈禧太后避八國聯軍之難後，返京途中，取道中原，曾在名城開封駐蹕。當時汴梁名廚曾用黃河鯉魚烹製一道「糖醋熘魚」，此菜色澤柿紅，甜中有酸，酸中帶鹹，鹹中透鮮，十分可口。光緒食後讚為「古汴一佳餚」，慈禧則云「膳後忘返」，並寫了讚美黃河鯉魚的對聯：「熘魚出何處，中原古汴州。」慈禧更有「甘美滑如玉，焦脆細如絲」之讚，使此菜一時聲名鵲起。後人在此基礎上改良製作了糖醋軟熘鯉魚焙面這道名菜。二十世紀七〇年代美國總統尼克森訪華時也曾食用，詢問菜名時，翻譯人員直譯成了「鯉魚蓋被子」，雖然不知鯉魚為何有蓋被之需，但是也算得上是趣事一樁。

袁世凱喜歡吃魚，也喜歡釣魚。在洹上村隱居的時候，自己修了魚池養魚。他最喜歡的魚是開封北面黑崗口的黃河鯉魚，認為其他地方的魚無法與之相比。民國初年開封名廚趙廷良創製「金網鎖黃龍」，也是道名菜，為時人所推崇。它的特點是給鯉魚附上一層金黃色的蛋絲，吃起來肉嫩絲酥。

在電影《大河奔流》中，有一段金谷酒家吃鯉魚的鏡頭。一聲「上活魚」，李麥手握著一條紅尾巴黃河鯉魚，當著三位外國記者的面將魚摔在地上，然後由廚師烹製成「鯉魚焙面」這道名菜。這很有考究，吃魚必須吃活的、新鮮的。鯉魚脊背兩側各有一根細韌的筋絡，烹飪時總是當場摔死再把它抽去。另外，想要黃河鯉魚好吃，打撈上來後還要在清水裡放養兩、三天，待其吐盡土味，方能烹食。食鯉魚雖然有多種益處，但「多食熱中，熱則生風，變生諸病」。看來再好的美味也不能貪吃啊！

東京醬肉和東京的餅

十分繁盛的北宋東京醬肉業

《舌尖上的中國》紀錄片曾經提及「醬的味道」，說紹興人離不開醬油，什麼都可以「醬」一醬再吃。「足夠的鹽度可以讓食物在潮溼的環境裡久放不壞。在醬油裡翻滾過的任何食物都被賦予了濃重的醬香味，它們被本地人稱作『家鄉菜』……（醬）在人類的發酵史上獨樹一幟，數千年間，它成就了中國人餐桌上味道的基礎。」在中國北方，特別是開封，醬的意味更加直接。開封的醬肉業成熟於東漢時期，為姚期所創，所以醬肉業又稱為「姚肉」，比如歷史名店「長春軒」，百年來就一直沿用「長春軒姚肉鋪」的名稱。

在開封尋找美食，常常不經意上溯到北宋，做為宋代舊都，開封遺留下來很多風味小吃。單說醬肉熟食，早在一千年前，當時的東京城就有近百家賣醬肉的店鋪。那個時代，做為京城的老開封，大街小巷都有賣熟肉的攤販。孟元老的《東京夢華錄》裡面有多處記載，如礬樓、清風樓、遇仙正店、高陽正店等大型酒樓都有味道醇厚的醬肉出售，「在京正店七十二戶。此外不能遍數，其餘皆謂之腳店。」《清明上河圖》中就畫了一家「十千腳店」，其規模雖不能與正店相比，但是門前依舊有彩樓歡門，四邊平房，中間有二層小樓，臨街的屋裡都是酒客滿座，這些「腳店」，為中小型酒樓，「賣貴細下酒，迎接中貴飲食」，有「張家酒店」、「宋廚」、「李家」、「鐵屑樓酒店」、「黃胖家」、「白廚」、「張秀酒店」、「李慶家」等，「街市酒店，彩樓相對，繡旗相招，掩翳天日」。肉鋪裡陳列著生肉和熟肉，消費者可根據自己需要，「生熟肉從便索喚，闊切片批，細抹頓刀之類。至晚即有燠爆熟食上市」。東京的熟肉也相當發達，連大相國寺的惠明和尚也深受影響開始經銷熟肉了，烤的豬肉十分好，深受吃貨們歡迎。話說楊大年與惠明和尚有來往，楊大年常帶著一班人馬去燒豬院蹭吃蹭喝。俗話說拿人手短，吃人嘴軟，楊大年不好意思，於是調侃道：「惠明，你是個和尚，遠近都管這兒叫燒豬院，你覺得好聽嗎？」惠明說：「那該怎麼辦？」楊說：「改下名字。」惠明欣然同意：「行啊！楊大才子，你給取個名字吧！」「『不若呼烤豬院也。』都人亦自改乎。」（參見《畫墁錄》）。

走街串巷的流動經營對消費者來說更為便捷，所以銷售量也十分可觀，「其殺豬羊作坊，每人擔豬羊及車子上市，動即百數」。每日如宅舍宮院前，還有就門賣羊肉、頭肚、腰子、白腸、鶉、兔、魚、蝦，甚至雞、鴨、蛤蜊、螃蟹等，幾乎所有肉類包括內臟，都可在自家門口買到。

東京三餅久負盛名

新年收到中森老師的新年禮物——汪曾祺的散文集《宋朝人的吃喝》，快意閱讀發現宋朝人喜歡吃餅，《水滸》動輒說：「回些麵來打餅。」當時北宋東京的餅有「門油、菊花、寬焦、側厚、油鍋、新樣滿麻……」《東京夢華錄》記載了武成王廟海州張家、皇建院前鄭家的餅生意十分興盛，每家有五十餘爐。汪曾祺感歎道：「五十幾個爐子一起烙餅，真是好傢伙！」

近年致力於研究宋朝飯局的著名專欄作家李開周認為，從漢朝到宋朝的語境裡，凡是不帶餡的麵食，最初都被稱為餅。武大郎賣的炊餅其實就是饅頭，北宋初期叫蒸餅，後來宋仁宗趙禎即位，「禎」和「蒸」發音很像，為了避他的諱，「蒸餅」就改成「炊餅」了。在宋朝市面上，叫「餅」的食品至少有幾十種，除了「胡餅」，「索餅」是麵條，「環餅」是麻花，「糖餅」是方糕，「乳餅」是奶豆腐，「肉油餅」是裹上肉餡再擱爐子裡烤熟的發麵肉卷。（李開周《吃一場有趣的宋朝飯局》）一張餅，包藏古今；一張餅，包容天下。雖然宋朝美食我們吃不到，但是從北宋傳承下來的食品還是可以品味的，近代以來，開封的餅，十分馳名。

因為北宋舊都的緣故，開封的另一個響亮名字叫東京。同樣，起源於北宋時期的太師餅、狀元餅、京東餅被人譽為「東京三餅」。這三餅不是日常飲食的主食，屬於提酥和混糖類精製糕點。「東京三餅」是河南省糕點名師王魁元根據歷史傳說和有關資料精心製作。王魁元生於一八九二年，長葛縣人，出身貧寒，為了活命，父親托人把他送到開封趙廝子刀剪店當學徒，一幹就是十七年。二十九歲成了家，為了生計，晚上加班拉人力車。三十二歲那年，到寶泰當幫作，勤學苦練終於成為一代名師，他能透過炸、爐、蒸、烤、燉、炒、熬、烘八類烹煮方法，做出二百四十八種春、夏、秋、冬應時糕點。

沿襲千年，深受百姓青睞

相傳宋代著名民族英雄岳飛屢遭奸臣陷害，當朝太師李綱多次設法營救，岳飛深感其恩。因李綱嗜愛甜食，岳飛請糕點匠師精心製作一種適合老年人口味的點心相送，稱此糕點為「太師餅」。太師餅屬酥皮類精製糕點，「三陽觀老號」以精粉、白糖、食油為主料，輔以桂花、核桃仁、麻仁、對絲等，採用「小包酥」工藝精工製作，產品酥鬆綿軟，層次清晰、蜜甜而不膩。

宋代科舉盛行，進京趕考書生絡繹不絕。京師商賈為了迎合考生需要，爭相製作一種既富有營養又便於保存的「狀元餅」。考生功名心切，為取吉利，以期榜上有名，亦不惜破費購食。相沿千年，久盛不衰。「包耀記」製作的狀元餅，採用混糖麵皮，棗泥餡心，入口綿軟，專用圖案磕模成型，產品圖案清晰，質地細膩，富油脂光澤，透濃郁棗香味。

北宋東京東郊邊村一帶，每年正月初八有廟會。一次，真宗皇帝的李宸妃到此進香，見一攤主糕餅十分好看，遂命宮人買回讓皇帝品嘗，真宗極為讚賞，遂命御膳房仿製。只因是從京城東邊買來的，故名「京東餅」，流傳至今。京東餅選料考究，以精粉、白糖、豬油、雞蛋為主料，以棗泥、核桃仁等為餡，成型後表面刷上蛋液，經烘烤起發呈柿黃色，即可出爐，綿軟爽口並具有濃郁的棗泥香味。

開封還有一種燒餅叫「一品燒餅」，不過算是糕點了，也是源於北宋，國家開科取士，各地人才薈萃京都。聰明的生意人給他們準備了香酥可口的點心，裡面透出濃郁的桂花香味，隱含「攀蟾折桂」之意，祝願吃餅的人們金榜高中，官居一品，故名「一品燒餅」。此餅不但耐人尋味，而且象徵吉祥，因而世人競相購買，歷久不衰。由「老寶泰」、「三陽觀」糕點技師范福旺、禹金水等精工製作的一品燒餅，具有突出的桂花和果仁香味，最為出名。

東籬同坐嘗花筵

每年的金秋時節，開封就是滿城秋菊，燦然開放，肆無忌憚。菊花帶來的節會，菊花迎來的賓客，給古城帶來了另一種繁華與熱鬧。菊會開幕的時候我正在故里，那裡依舊日常的生活，可以看到田野裡農人在整飭新翻的耕地。小徑旁、河道邊，偶爾可以看到野菊花開著淡黃的花在風中簌簌搖擺。暫時離開開封就十分想念古城了，想念那裡的風景和美食，更想念滿城菊花做成的各種造型散居城市各個廣場或風景區。

菊花食用的歷史悠久，因可延年益壽，又被稱為長壽花、延齡客。中學時代學了屈原《離騷》，每次讀到「朝飲木蘭之墜露兮，夕餐秋菊之落英」這句就無限嚮往，是什麼樣的雅興使詩人能把秋菊入食呢？我在杭州品嘗過菊花茶，味道恬淡，與開封的菊茶大同小異，不會是文化的同宗吧？一個「宋」字分南北，而菊茶卻不因地域的不同而味道有區別。古人有食菊的習慣，有詩云：「東籬同坐嘗花筵，一片瓊霜入口鮮。」說的就是吃貨的樂趣。

菊花佳餚最美味

菊花氣味芬芳，綿軟爽口，是入餚佳品。其吃法多樣，可鮮食、乾食、生食、熟食，燜、蒸、煮、炒、燒、拌皆宜，還可切絲入餡，菊花酥餅和菊花餃都各有曼妙之處。我發現古人比現代人會吃，唐詩中有不少關於食菊的詩句，李嶠詩曰：「令節三秋晚，重陽九日歡。仙杯還泛菊，寶饌且調蘭。」（〈九日應制得歡字〉）唐代，市面上有「菊花糕」賣。唐朝的陸龜蒙家住在荒郊野外，房前屋後空地寬敞，便種了許多杞菊。春天，嫩苗恣肥，就採來當下酒菜；夏天，枝葉老梗，不好吃了，他仍督促兒孫去採摘，簡直是食菊上癮了。後來因此寫成一篇〈杞菊賦〉。陸龜蒙喜歡吃的是菊葉，不是花。蘇軾讀了陸龜蒙的〈杞菊賦〉，起初不信，以為陸龜蒙生活困窘才「嚼齧草木」。後來他到膠西當太守的時候，常常吃不飽肚子，便到那些廢棄的園圃裡採摘枸杞和菊花的葉子烹食，這才相信陸龜蒙不是矯情說假話。於是他也仿效陸龜蒙吃杞菊之葉，並寫了一篇〈後杞菊賦〉以記其事。其實，蘇軾並沒有真正理解陸龜蒙，陸龜蒙是喜歡吃菊葉，而不是窮得沒吃的才去吃。後來南宋的張栻又寫了一篇〈後杞菊賦〉，講述自己享用菊葉的嗜好。他讓廚師給他炒杞菊葉吃，非常喜歡杞菊之葉的芳馨可口，飯量因之大增，而對其他的菜餚不再留戀。《本草經》中說：「其菊有兩種者，一種紫莖，氣香而味甘美，葉可作羹，為真菊。」宋人史正志的《史氏菊譜》中說菊花「苗可以菜」，而沒說「花可以菜」。宋代的《全芳備祖》對菊花的食用價值進行了非常詳盡和深刻的記載，說「菊花所以貴者，苗可以菜，花可以藥，囊可枕，釀可以飲。所以高人隱士籬落畦圃之間，不可一日無此花也。」宋末元初鄭思肖的「道人四時花為糧，骨生靈氣身吐香。聞到菊花大歡喜，拍手笑歌頻癲狂。」（〈餐菊花歌〉）寫出了吃貨對菊苗的熱愛。其實古人炒菜多用的是菊苗或葉子，南宋趙希鵠《調燮類編》卷三記載了一種將菊花直接拌食的做法：「甘菊花春夏旺苗，採嫩頭湯焯，拌食甚佳。」還有菊花與其他原料混合做菜。

就連黃庭堅也是採用菊苗入食，他在〈三月乙巳來賦鹽萬歲鄉且搜獮匿賦之家晏飯此舍遂留宿是日大風自採菊苗薦湯餅二首〉其二云：「幽叢秀色可攬擷，煮餅菊苗深注湯。飲冰食蘗浪自古，摩挲滿懷春草香。」（《黃庭堅全集輯校編年》上冊）

宋代還有以菊花做羹的習慣，司馬光任開封府推官時曾作〈晚食菊羹〉詩：「……菊畦濯新雨，綠秀何其繁。平時苦目眩，滋味性所便。採擷授廚人，烹瀹調甘酸。毋令薑桂多，失彼真味完……」（《司馬溫公集編年箋注》）意思是囑咐廚師做菊羹時調料不要放過多，把菊花本來的芳香味給破壞了。林洪《山家清供》中有一種以菊花為原料的食品名為「金飯」，其做法：「法採紫莖黃色正菊英，以甘草湯和鹽少許焯過，候飯少熟，投之同煮，久食可以明目延年。」

茶香酒醇惹人醉

飲菊花茶的明確記載始見於唐代。晚唐詩僧皎然〈九日與陸處士羽飲茶〉詩曰：「九日山僧院，東籬菊也黃。俗人多泛酒，誰解助茶香。」有一種甘菊，其形態與觀賞菊有很大差異，明代王象晉《群芳譜》云：「甘菊，一名真菊，一名茶菊。花正黃，小如指頂，外尖瓣內細萼，柄細而長，味甘而辛，氣香而烈。……種之以苗，人家以供蔬茹。」而宋代的菊茶則與唐代以及今天的菊花茶不同。今天的菊花茶是以菊花花頭加工而成，如大觀菊茶、杭白菊等。菊花經過蒸氣殺青之後，晒乾至含水率百分之七十以下，手撚花瓣即成粉碎時，便可飲用。不是所有的菊花都可以做成菊茶。據張玉發先生介紹，風景區、廣場展示的菊花是不可以入茶的，因為為了景觀造型，噴施了大量化學藥劑，還是野生菊花做茶好。

宋代的菊茶什麼模樣呢？原來，宋代菊茶是用菊苗的鮮嫩枝葉做成，與現代的龍井茶、毛尖一樣。宋代孫志舉〈訪王主簿同泛菊茶〉詩亦云：「妍暖春風蕩物華，初回午夢忽思茶。難尋北苑浮香雪，且就東籬擷嫩芽。」洪遵〈和弟景盧月臺〉詩云：「築臺結閣兩爭華，便覺流涎過曲車。小戶難禁竹葉酒，睡多須藉菊苗茶。」史鑄〈甘菊〉詩云：「苗可代茶香白別，花堪人藥效尤奇。」

菊花酒的製作與飲用最早見於漢代。根據葛洪《西京雜記》卷三載：「九月九日佩茱萸、食蓬餌、飲菊花酒，令人長壽。」關於菊花酒的釀製方法，《西京雜記》所載方法是用菊花及其莖葉和黍米一起發酵釀製而成。到了宋代，仍然採用這種工藝方法，《歲時廣記》卷三十四「重九」條云：「令長壽菊花盛開時，採莖葉雜麥米釀酒，密封置室中，至來年九月九日方熟，且治頭風，謂之菊花酒。」另外，宋代還有將包括菊花在內的原料透過蒸餾以加速其發酵的釀造工藝：「九月，取菊花曝乾，揉碎入米饋中，蒸令熟，醞酒如地黃法。」最簡單的方法莫過於將菊花直接浸泡在酒中，宋代唐慎微《重修政和證類本草》卷六〈草部上品〉云：「秋八月合花收，曝乾，切取三十斤，以生絹囊盛，貯三大斗酒中，經七日服之。今諸州亦有作菊花酒者，其法得於此乎？」傳說宋代的陸游病中飲用菊花酒，病居然好了，於是寫詩歌詠菊花說：「菊得霜乃榮，唯與凡草殊。我病得霜健，每卻稚子扶。豈與菊同性，故能老不枯。今朝喚父老，採菊沉酒壺。」

明代的《月令廣義》記載了菊酒的做法：「黃菊晒乾，用甕盛酒一斗，菊花二兩，以生絹袋懸於酒面上，約離一指高，密封甕口，經宿去袋，酒有菊香。」將裝有乾菊花的袋子懸於酒面，再密封甕口，其目的是讓菊花的香氣滲透酒中，而不影響酒的清澈。古人篤信重陽飲菊花酒能延年益壽。《夢粱錄》中記載，宋代每年重陽節都要用飲用菊花、茱萸製作的酒，還給菊花、茱萸取了兩個雅致的別號，稱菊花為「延壽客」，稱茱萸為「辟邪翁」，宋人認為，重陽節飲用茱萸酒和菊花酒，「以消陽九之厄」。

宋人飲食消夏錄

古今夏天都一樣，一個字熱，兩個字炎熱。今人在科技的幫助下，已經疏遠了槐蔭乘涼和蒲扇生風的自然畫面，空調的使用直接在固定空間調節了空氣的溫度，任憑窗外知了喊破了嗓子，也不肯到室外去受熱。吃飯的時候，調幾個涼菜，熬一鍋綠豆水，或是殺一顆西瓜解暑降溫。宋人沒有機會享受空調，但是宋人有自己的消夏方法，除了短衣汗衫之外，就是飲食調理，吃最天然的食物來度過漫長的夏季。

宋人藏冰與冰雪飲食

古代沒有電冰箱，但是可以採集冰塊儲藏之後，在夏天使用。開封曾有「藏兵洞」，就是楊靖宇*讀書處的那座土堆，土堆北邊下方有一個洞，老百姓傳說這是楊家將的藏兵洞。據說宋代楊家將在開封閱兵，金朝派人前來「觀兵」，楊老將派人在此挖一個洞直通朱仙鎮。閱兵時，宋兵從此洞進去，然後浩浩蕩蕩地從南邊過來，川流不息地過了三天三夜，金人見宋朝人馬如此眾多，只得「請退」，回去稟報，金朝一時不敢來犯。有人考證說不是藏兵的，而是藏冰的，冬季儲藏冰塊，夏季使用，有道理。宋代張敦頤所撰《六朝事蹟編類》中說，南京「覆舟山上有凌室，乃六朝每朝藏冰於此也」。在古代，王朝後勤人員建冰室藏冰、驅暑、冷藏食品很常見，而且用冰製作冷食也逐漸增多。

北宋東京城的居民對冰雪的需求量很大，冰業已實現「產業化」，平價出售，在唐代，夏天的冰雪價格很貴。北宋初期的田錫〈鬻冰詠〉稱：「赫日生炎暉，鬻冰言及時。邀利有得色，冰消俄若遺。」北宋文人劉放管那些製售冰雪的人叫「賣雪人」，還作過一首〈戲作賣雪人歌〉詩。京城的冰塊應該大多儲存於地窖中，因儲限豐富，賣雪人多，冰雪易得。在夏日的街頭巷尾，處處見售各色冷涼食飲。孟元老所撰《東京夢華錄》提到，當時在炎熱的東京城，有冰雪（大概相當於刨冰或碎冰）、涼冰荔枝膏等上市，有多家號營冰雪飲料的商店。「夏月……冰糖冰雪冷元子……」孟元老提到「巷陌雜賣」時說：「是月時物，巷陌路口，橋門市井皆賣……冰雪涼水……」

由此可見宋時藏冰的技巧已經很嫻熟，並且可以及時供應市場。隨著大宋南遷，

＊民國時期軍事人物。

藏冰的方法由北方傳入南方。《雞肋編》記載：「二浙舊少冰雪。紹興壬子，車駕在錢塘。是冬大寒屢雪，冰厚數寸。北人遂窖藏之，燒地作蔭，皆如京師之法。臨安府委諸縣皆藏，率請北人教其制度。」宋人知道如何用冰的地方很多，一到夏日就成了暢銷品。冰已走下了宮廷殿堂，由貢賜品成為大眾消費品。陸游在〈重午〉詩中寫到會稽「街頭初賣苑池冰」，但「會稽不藏冰，賣者皆自行在來」。行，指的是都城臨安。在〈秋日遣懷〉講「初見賣苑冰，青門已無瓜」，楊萬里在〈荔枝歌〉寫道：「北人冰雪作生涯，冰雪一窖活一家。帝城六月日停午，市人如炊汗如雨。賣冰一聲隔水來，行人未吃心眼開。」不僅講到北方人掌握製冰技術，以製冰、賣冰為業，養活一家人，酷暑正午時的冰雪叫賣聲竟使「行人未吃心眼開」，而且介紹了冰之於水果的保鮮冷藏作用，「北人藏冰天奪之，卻與南人消暑氣」。據吳自牧所撰《夢粱錄》卷十六記載，臨安茶肆於「暑天添賣雪泡梅花酒，或縮脾飲暑藥之屬」。從皇室到百姓，均以夏季食冰及各種冰飲為消暑的一大樂事。

宋代宮廷所作一種冰凍的奶食，名曰「冰酪」，把果汁、牛奶、冰塊等混合，調製成夏天的食品。炎熱時食之，極為爽口。楊萬里曾有詠冰酪詩句云：「似膩還成爽，如凝又似飄。玉來盤底碎，雪向口冰消。」冰酪吃起來似乎膩口，到嘴裡又令人口爽。剛拿出來的冰酪如玉石一樣，可放在盤子裡一會兒就碎了，見到太陽就溶化，冰酪與現在的冰淇淋很相似。在南宋的杭州「富家散暑藥冰水」，有錢人家免費發放暑藥和冰水。能將冰水做為施捨之物，可見當時藏冰業有多發達。

文人雅士小聚也喜歡食冰。宋人袁去華〈紅林檎近〉詞中描寫，在幽雅園池中納涼的夜晚，他們「坐待月侵廊」之時「調冰薦飲」，調冰水時還要加蜜作甜料。宋人李之儀〈鷓鴣天〉中也寫道：「濾蜜調冰結絳霜」。

宋代涼水種類多

州橋夜市的「沙塘菉豆甘草冰雪涼水」十分著名，這是用幾種原料配置的冷飲。《清明上河圖》還有幾處賣「飲子」的畫面：虹橋的下端臨街房前，有兩把大型遮陽傘，傘沿下掛著小長方形牌子，牌上寫著「飲子」二字。在城內立著「久住王員外家」的豎牌子旁邊，有兩把遮陽傘，一傘沿下掛著帶有「飲子」二字的小牌，一傘沿下掛著「香飲子」的小牌。圖中的飲子就是消暑降溫的飲料。一如現代小攤擺放的汽水或冰水。

宋周密《武林舊事．涼水》描述南宋京都臨安避暑的情景，市售清涼飲料中有「雪泡縮脾飲」、「白醪涼水」及「冰雪爽口之物」。《西湖老人繁盛錄》記載六月初六西湖廟會盛況，僅冷飲就有近二十種。書中列舉的「諸般水名」有「鹿梨漿、椰子酒、木瓜汁、皂兒水、甘豆糖、綠豆水」，還有「縮脾飲、滷梅水、江茶水、五苓散、大順散、荔枝膏、白水、乳糖真雪」等。著名的如中瓦子前得皂兒水和張家豆兒水，雜賣場前得甘豆湯，通江橋有雪泡豆兒水和荔枝膏，這些「涼水」主要是供夏天飲用。

在開封品味宋茶

觀張擇端的《清明上河圖》發現汴河兩岸，茶樓林立，寫著茶字的幌子隨風飄揚。城中多茶坊，市民愛飲茶。如今漫步開封，依舊可以看到遍布市井的茶肆。開封雖然不是茶葉原產地，但是最好的宋茶在開封，因為開封過去是北宋的都城，彙集四方佳品，宋代各名茶產區都要向皇帝進貢優質茶葉。

我曾在開封街頭尋找宋茶，先不說味道是不是宋茶，有時連模樣都不是宋茶。我見過如月餅大小的所謂龍團鳳餅，粗劣的造型，以及太不精緻的工藝，哪裡像是皇家貢品。一如在杭州宋城看到的武大郎炊餅，直接火爐燒烤，根本就沒有明白武大郎的炊餅其實是在籠中蒸製的麵食而已，比饅頭薄，絕對不是燒烤之類的食品。如果回到宋朝，這樣的茶不要說皇帝會龍顏震怒，連百姓都會把茶杯摔倒地上，說：「不要坑洒家，這……這是人喝的茶嗎？」要想喝上純正宋茶，只有穿越北宋，在京城，分享一場有趣的茶宴。

宋代貢茶哪裡尋？

《宋史》記載，宋代貢茶地區達三十餘個州郡，約占全國產茶七十個州的一半。歲出三十餘萬斤。在貢茶產地中，建州向朝廷上貢茶最為著名。約在宋太宗時代，建州北苑茶聲譽鵲起，成為貢茶的主要品種。鳳凰山麓的北苑也成為最有名的貢茶生產基地。丁謂、蔡襄相繼任福建路轉運使時，分別創製大、小龍鳳茶上貢，每斤分別為八餅和二十八餅。福建後繼主政者不斷創新，研製出「密雲龍」，雙角團袋，每斤四十餅，後來又有「瑞雲祥龍」。北宋末年，貢茶達到極盛，大觀年間出現一種三合一貢茶：「御苑玉芽」、「萬壽龍芽」、「無比壽芽」，合稱三色細芽，一下子又把「瑞雲祥龍」壓下去了。然而，三色細芽還不是終點，宣和二年（一一二〇年），又有一個善於造茶的轉運使鄭可簡，創製了一種名叫「銀絲水芽」的貢茶，此茶光明瑩潔，若銀絲然，餅面上有小龍蜿蜒其上，號稱「龍團勝雪」。「龍鳳貢茶」發展到了「龍團勝雪」，其精美程度可算到了登峰造極的境界。

宋代每種貢茶的製作工藝和研磨、焙製時間，都有嚴格規程。北苑貢焙，日役千夫、工價萬金乃尋常事。貢茶都是哪些人享受了呢？據楊億《楊文公談苑》記載，建茶凡十品，何種茶賜何等人有具體規定，如龍茶僅賜二府大臣、親王、長主，餘皇族、學士、將帥僅得鳳茶。不是有錢就可以任性，想喝？級別達不到喝不成。宋廷對中高級官員在其升遷、退職、病休、覲見時，派中使專賜茶藥合成的銀盒並伴以聖旨，以示皇恩浩蕩，收到者皆須上表謝恩。貢茶還用來分賜出征將士、修河役兵、僧道庶民等；此外還做為外交禮品，送給前來朝貢或出使的外交人員。

北苑貢茶的品目計有十多個，一年分十餘綱，先後運至京師開封。每年採製新茶開始時，都要舉行開焙儀式，監造官和採製役工都要向遠在京師的皇帝遙拜，造出第一批新茶，馬不停蹄直送京師。故歐陽修在茶詩〈嘗新茶呈聖俞〉中云：「建安三千五百里，京師三月嘗新茶。」

蔡襄是茶藝高人

蔡襄的書法與蘇軾、黃庭堅、米芾齊名，並稱「宋四家」。如今開封府景區大門的牌匾就是他的字。蔡襄喜茶、懂茶，當時視為朝廷珍品的小龍團茶，有「始於丁謂，成於蔡襄」之說。宋《澠水燕談錄》載：「慶曆中，蔡君謨為福建路轉運使，始造小團以充歲貢，一斤二十餅，所謂上品龍茶者也，仁宗尤所珍惜。」也就是說，在當時，蔡襄的小龍鳳茶，被視為朝廷珍品，甚至很多朝廷大臣和後宮嬪妃都只能一睹其形貌，難獲親口品嘗。

蔡襄還有一段趣聞：一天，歐陽修要把自己的書《集古錄目序》弄成石刻，因此去請蔡襄幫忙書寫。雖然他倆是好朋友，但蔡襄一聽，就向歐陽修索要潤筆費。歐陽修知道他是個茶痴，就說錢沒有，只能用小龍鳳團茶和惠山泉水替代潤筆費，蔡襄一聽，頓時欣喜不已，說道：「太清而不俗。」

「曲有誤，周郎顧。」茶有誤，蔡襄「顧」。據《墨客揮犀》記載，有一次返鄉歸隱的蔡葉丞邀請蔡襄來舍下做客，蔡襄剛落座不久，蔡葉丞的另一舊友來訪。侍童在下房烹小龍鳳團茶時，聞知又來了位客人，急得束手無策。因為家裡僅有的兩塊小龍鳳團茶都用上了，現在有三位客人，卻缺一塊茶啊，於是就加入了大龍鳳團茶一起烹煎。蔡襄端茶一品就發現不對味，於是問：「為什麼要將大小龍鳳團茶合在一起烹煎呢？」丞驚呼童詰之，對曰：「本碾二人茶，繼有一客至，造不及，即以大團兼之。」丞神服公之明審。可見，蔡襄辨茶細緻入微，精於賞鑑非他人能比。

蔡襄一生愛茶，實可謂如痴如醉，在他老年得病後，醫生就叫他把茶戒了，說不戒茶的話，病情會加重，對此，蔡襄無可奈何，只得聽從醫生的忠告。此時的蔡襄雖不能再飲茶了，但他每日仍烹茶玩耍，甚至是茶不離手。蔡襄對於茶的迷戀，正所謂：「衰病萬緣皆絕慮，甘香一事未忘情。」

宋人怎麼喝茶？

品茶一直被當作高雅之事，茶養生又有益健康，比菸酒強。關鍵是茶可以附庸風雅，可以提升品味，可以抵擋閒愁，可以消解塵夢。和大唐一樣，大宋也是把茶抬上了很文藝、很高雅的歷史舞臺。品茗被士大夫階層當成一種高雅的藝術享受，貌似顯示一種身分和地位。宋人對飲茶十分講究，就拿環境來說吧，必須有涼臺、靜室、明窗、曲江、僧寺、道院、松風、竹月等。看看宋代的繪畫我們可以發現，宋人飲茶很有韻味，草木風物點綴得當，人物表情沉浸茶香，姿態動作無不流露出欣喜陶醉之情。他們或曼坐，或行吟，或清談，或掩卷。酒逢知己，茶遇識趣，從來佳茗似佳人，飲茶需要知音或知己相伴，〈高山流水〉的曲子需要聽得懂的耳朵，好茶需要懂茶的人去品。宋代沈括《夢溪筆談》就記載了一個具體事例：「王城東素所厚惟楊大年。公有一茶囊，唯大年至，則取茶囊具客，他客莫與也。」「寶劍贈英雄，紅粉送佳人」，小坐對飲，衣潔袖淨，茶香湯美，品啜之餘，或天馬行空清談，或撫琴下棋，或揮毫書畫等，無限賞樂。如遇一俗人，對飲座談，言不由衷，詞不達意，豈不大煞風景？

宋人對茶器十分講究，蔡襄在《茶錄》中，專門寫了〈論茶器〉，說到宋時的點茶器具有茶焙、茶籠、砧椎、茶鈐、茶碾、茶羅、茶盞、茶匙、湯瓶。宋徽宗的《大觀茶論》列出的茶器有碾、羅、盞、筅、缽、瓶、杓等。南宋審安老人在《茶具圖贊》中以傳統的白描畫法畫了十二件茶器圖形，稱之為「十二先生」。並按宋時官制冠以職稱，賜以名、字、號：炙茶用的烘茶爐叫韋鴻臚，搗茶用的茶臼叫木待制，碾茶用的茶碾叫金法曹，磨茶用的茶磨稱石轉運，量水用的水杓稱胡員外，篩茶用的茶羅叫羅樞密，清茶用的茶帚叫宗從事等。可見，宋人對茶器愛之深。

歐陽修就有一套自己的品茶經：「泉甘器潔天色好，坐中揀擇客亦嘉。」認為品茶必須茶新、水甘、器潔，再加上天朗、客嘉，此「五美」俱全，方可達到「真物有真賞」的境界。

在蘇東坡看來，壺一定要用紫砂壺，好茶必須配好水，「精品厭凡泉」，他在杭州任職時，曾以詩向無錫知縣焦千之索要惠山泉水。煎茶的時候應該用活火煎活水，這樣煎出的茶味才芳香醇厚。「蟹眼翻波湯已作」、「蟹眼煎成聲未老」、「蟹眼青泉煮」，把持好火候，所謂蟹眼，指的是水的形態，水熟而滾的最初形狀，這才是真正的水熟而未老的嫩湯，最適宜煎茶了。

出神入化的點茶

宋人真的會玩，筆者以為他們才是真風雅，琴棋書畫不說，光喝茶就玩出很多名堂，不是鬥茶就是分茶，還可以在茶湯上面畫畫，一個亭子、一座城樓、一個仕女、一幅山水等皆可浮在茶湯之上，這叫「茶百戲」。筆者廝混於市井開封，常常見到所謂宋代茶藝表演者所演示的宋代點茶，形神具備，過程也是按照文獻記載操作，暫且不論手法、茶器是不是宋代模樣，如果一盞茶「攪拌」半天，或兩個小時以上的話，茶湯豈不冰涼，口味豈不變化？茶葉粉末拌成糊長時間與空氣接觸會不會有化學反應？當年宋徽宗如果這樣摑飭幾個小時，群臣豈不站得腰瘦腿痛、四肢麻木、兩股戰戰？回歸日常生活，用日常生活來驗證似乎更加合理吧！家中賓客總不能等半天才等到點好已經降溫很多的涼茶。宋代的點茶，技法精湛，手法熟練，可以達到出神入化的效果，我輩只可想像，只可仰望。

點茶是宋人的待客之道

姬翼〈一剪梅〉詞云：「客至何妨不點茶，相忘交接，冷淡生涯。」蘇東坡有詩曰：「道人曉出南屏山，來試點茶三昧手。」說北宋杭州南屏山淨慈寺中，高僧謙師妙於茶事，品茶技藝高超，達到得之於心，應之於手，非言傳可以學到者。因此，人稱謙師為「點茶三昧手」。《詩詞曲語辭匯釋》卷六「點茶」條云：「點茶，與點湯同，即泡茶也。」《元曲釋詞》第一冊也列此目：「點茶，即泡茶。唐宋時泡茶之法，注湯於盞中，使茶葉浮起，謂之點茶……有時也在茶裡放置果品，在宋代慣用木樨、芝麻、熏筍、胡桃、松子、瓜仁等和茶葉摻在一起用湯（開水）泡著喝。」上海辭書出版社的《中國風俗小辭典》說起「點茶」這樣描述：「古代漢族交際風俗。流行於全國各地。泡茶方法之一，相當於現在的沏茶。即注沸水於盞中，使茶葉浮起，以便飲用。」以上解釋都是錯誤的，其他不說，泡茶明代才出現，宋代怎麼會有泡茶呢？宋朝前期，茶以片茶（團、餅）為主；到了後期，散茶取代片茶占據主導地位。在飲茶方式上，除了繼承隋、唐時期的煎、煮茶法外，又興起了點茶法。

點茶法其實在晚唐時就已出現，到了宋代才成為從文人士大夫階層到民間都十分流行的飲茶習俗與時尚。和唐代的煎茶法不同，宋代的點茶法是將茶葉末放在茶碗裡，注入少量沸水調成糊狀，再注入沸水，或直接向茶碗中注入沸水，同時用茶筅攪動，茶末上浮，形成粥面。宋代袁文《甕牖閒評》卷六：「古人客來點茶，客罷點湯，此常禮也。」說明點茶是宋人的普遍待客之道。清代背景電視劇中演出的「端茶送客」習俗該是源於此吧！

宋徽宗是點茶第一高手

點茶的要求很嚴，技術性也很強。所以，古人有「三不點」之說，就是說點茶的時候，泉水不甘不點，茶具不沽不點，客人不雅不點。宋代胡仔《苕溪漁隱叢話》載：「六一居士〈嘗新茶詩〉云：『泉甘器潔天色好，坐中揀擇客亦佳。』東坡守維揚，於石塔寺試茶，詩云：『禪窗麗午景，蜀井出冰雪。坐客皆可人，鼎器手自潔』。正謂諺云三不點也。」

點茶時，先要選好優質茶餅。哪些屬於優質茶餅呢？「色瑩澈而不駁，質縝繹而不浮，舉之凝結，碾之則鏗然，可驗其為精品也」。（《大觀茶論》）宋徽宗要求餅茶的外層色澤光瑩而不駁雜，質地緊實，重實乾燥。點茶前，先要炙茶，再碾茶過羅（篩），取其細末。再候湯（選水和燒水），爾後將細末入茶盞調成膏。同時，用瓶煮水使沸，把茶盞溫熱。認為「盞惟熱，則茶發立耐久」。調好茶膏後，就是「點茶」和「擊拂」。

《大觀茶論》是宋代皇帝趙佶關於點茶的論著，其中關於「點」的描述是：「點茶不一。而調膏繼刻。以湯注之，手重筅輕，無粟文蟹眼者。謂之『靜面點』……有隨湯擊拂，手筅俱重，立文泛泛。謂之『一發點』……第二湯自茶面注之……三湯多寘，如前擊拂，漸貴輕勻。周環旋復，表裡洞徹，粟文蟹眼，泛結雜起，茶之色十已得其六七。四湯尚嗇……五湯乃可少縱……茶色盡矣。六湯以觀立作……七湯以分輕清重濁，相稀稠得中，可欲則止……宜勻其輕清浮合者飲之。」「調膏」尚未完成，匆忙注水，擊拂無力，見茶不發起，又急忙增湯，這樣茶面無法形成「粟文蟹眼」的湯花，稱「靜面」；後者指擊拂時用力太大，不知使用竹筅有輕重緩急之別，又不知茶筅須在茶盞中繞指圓轉，茶面上還沒有形成粥面湯花，而茶力已盡。有時雖稍泛「雲霧」，但很快落下，盞中露出水線，稱之為「一發」。宋徽宗不愧是點茶高人，從宋至今無人能比。他寫的《大觀茶論》把注水的全過程分為七個層次，分別稱作第一湯至第七湯，每「湯」的擊拂技藝都有區別。首先茶量得適當，在茶中加少量水，調成膏狀。注湯要環盞而注，不直澆在茶上，水勢不能過猛，一手輕輕攪動茶膏，腕指環動，上下攪透，這時湯花浮起，形成「疏星皎月」的湯花，此為第一湯。第一湯是後面六次點湯的基礎，所以非常重要。第二湯沿湯面四周注之，湯花漸泛出色澤。第三湯注法同第二湯，但擊拂漸輕而勻，湯花形成如粟文蟹眼。第四湯注水要少，擊拂轉度大而慢，茶面生起雲霧。第五湯注水稍多，擊拂均勻，無所不至，茶面如凝霜雪，茶色完全顯露。第六湯只點在湯花鬱結之處，使之均勻。第七湯則看茶湯濃度決定是否再點水，如稠稀合度，則停止點水，擊拂停止，湯花洶湧牢固地附在盞壁上，稱為「咬盞」。實際這七湯是在很短時間完成的，絕對不會捯飭半天，不是畫工筆畫，而是潑墨山水，一袋煙工夫一氣呵成。

「茶少湯多，則雲腳散；湯少茶多，則粥面聚。」為了控制注水，古人發明了注湯工具——茶瓶，茶瓶又叫湯瓶、執壺、水注等，茶瓶是嘴小而易於控制水流的器物，使注湯時「湯有節而不滴瀝」，便於沖點。點茶時注水要有節制，該注時注，該停時停。注水時，水要從壺嘴中噴湧而出以形成水柱，不能時斷時續。不注時，一收即止，不得有零星水滴淋漓不盡。注湯後為使茶膏與水交融成一體，需要打擊和拂動茶盞中的茶湯，於是古人先後使用了攪拌茶湯的工具——茶匙、銀梗、竹策和茶筅等。梅堯臣〈以韻和永叔嘗新茶雜言〉：「石瓶煎湯銀梗打，粟粒鋪面人驚嗟。」說的是使用銀質湯瓶煎湯，使用銀質的梗棒擊攪，使得茶湯的表面形成小米粒般的泡沫。北宋前期的蔡襄在《茶錄》中介紹了茶匙：「茶匙要重，擊拂有力。黃金為上。人間以銀、鐵為之。竹者輕，建茶不取。」到了北宋末期又發明了茶筅。茶筅又稱竹筅，後來成為點茶的專用工具點茶高手能透過注湯和擊拂，讓湯紋水脈變換出各種各樣的圖案，有的像山水雲霧，有的像花鳥魚蟲，有的又似各色人物，彷彿一幅幅瞬間萬變的圖畫，更有高手可以使茶面湯花形成文字，連成詩章，或在茶面上點畫出「禽獸蟲魚花草」。北宋陶穀《清異錄》記載：「饌茶而幻出物象於湯面者，茶匠通順之藝也。沙門福全生於金鄉，長於茶海，能注湯幻茶，成一句詩。共點四甌，共一絕句，泛乎湯表，小小物類，唾手辨耳……近世有下湯運匕，別施妙訣，使湯紋水脈成物象者，禽獸蟲魚花草之屬，纖巧如畫，但須臾即就散滅，此茶之變也。時人謂之茶百戲。」

整個點茶過程中，其中候湯最難，據羅大經《鶴林玉露》載：「湯欲嫩，而不欲老……蓋湯嫩，則茶味甘，老則過苦矣！」北宋著名茶人蔡襄《茶錄》中寫到點茶之法說：「候湯最難。未熟則沫浮，過熟則茶沉。前世謂之蟹眼者，過熟湯也。沉瓶中煮之不可辯，故曰候湯最難。」

鬥茶多樂事

說起開封的豪俠之風，除了潑皮牛二遇到楊志算是倒楣之外，汴京人還是愛行俠仗義的，用現代的開封話講就是「人物」。在天子腳下住久了，百姓就面露自豪感，這神情不但寫在臉上，還表現在書法、繪畫、遛鳥、玩蟲蛐兒、喝茶鬥茶上。開封鬥雞歷史悠久，同樣，鬥茶也是歷史悠久。鬥雞鬥的是雞，拚的是財。鬥茶鬥的是人，拚的是才，玩的是技、比的是材、鬥的是趣。

鬥茶是門技術活

不得不承認，陳寅恪先生說的那句話極好：「中國文化，造極於趙宋之世。」同樣，茶文化也是「造極於趙宋之世」，鬥茶更是有宋一代進入最為輝煌的時期，並且傳入日本，直接影響了日本的茶道。而在宋以後，鬥茶進入了休眠期，盛世文明開始了「中國夢」。

宋代飲茶方式由唐代的煎茶法演變為點茶法，而文人騷客卻三五小聚，品茗鬥茶。他們各取所藏好茶，輪流品嘗，決出名次，以分高下。鬥茶，又稱「茗戰」，是宋代時期上至宮廷，下至民間，普遍盛行的一種評比茶質優劣的技藝和習俗。鬥茶項目包括茶的色相、茶的芳香、茶湯醇度，乃至茶具優劣等。經眾人品評，以上乘者為勝。究其源則已見於唐代：「建人謂鬥茶為茗戰」，唐置「建州」，宋升為建寧府，今天是福建建甌。這個地方產名茶，宋代之時貢茶的主要產地。和凡有井水的地方就有柳永詞一樣，凡有貢茶的地方，每逢春芽新發，就開始鬥茶。

唐庚有〈鬥茶記〉短文，記敘了政和二年三月與幾個友人獻出各自所藏的珍茗，烹水沏茶，互鬥次第的情形：「……二、三君子相與鬥茶於寄傲齋。予為取龍塘水烹之，而第其品。以某為上，某次之，某閩人，其所齎宜尤高，而又第之。然大較皆精絕。蓋嘗以為天下之物，有宜得而不得，不宜得而得之者。富貴有力之人或有所不能致，而貧賤窮厄流離遷徙之中，或偶然獲焉……」〈鬥茶記〉因提出品茶在於「茶不問團鋌，要之貴新；水不問江井，要之貴活」的觀點，在中國茶文化史上產生重要影響，為歷代所重視。

說起水，王安石就精於辨別水的優劣。話說蘇軾被貶到黃州，辭行的時候王安石拉著蘇軾的手說：「老夫幼年寒窗十載，染成一症，近年經常發作，太醫院看是痰火之症。雖然服藥，難以除根。只有常飲用陽羨茶才能治癒。這裡有聖上賜予我的陽羨茶，需要用巫峽水烹服；而巫峽在四川，路途遙遠，老夫幾欲差人往取，未得其便。這次借你去眉州接家眷的機會，順便從巫峽取些江水來。」到黃州後，蘇軾就向太守告假要去眉州接家眷，並準備返程時給王安石取些巫峽水。他回到眉州接了家眷，沿途風光秀美，看得蘇軾流連忘返，竟然忘記在巫峽取水，不覺間就到了西陵峽。他就命人從江心取來一甕江水，用柔皮紙封固，待冬至節回京之時送與王安石。王安石見到巫峽水後非常高興，忙煨火烹煎，等到水煮沸，如同蟹眼閃爍之後，將陽羨茶取一撮放在茶碗裡，沏入沸水，但只見茶色半晌才慢慢顯現出來。王安石有點懷疑水的來源，就問道：「此水何處取來？」蘇軾道：「巫峽。」荊公道：「是中峽（巫峽）了。」東坡道：「正是。」王安石笑道：「可別欺瞞老夫！此乃下峽（西陵峽）之水，如何假名中峽？」蘇軾大驚，只得承認道：「確實是取下峽之水！老太師何以辨之？」王安石道：「讀書人不可輕舉妄動，須是細心察理。《水經補注》裡說，上峽水性太急，下峽太緩。唯中峽緩急相半。太醫院宮乃明醫，知老夫乃中脘變症，故用中峽水引經。此水烹陽羨茶，上峽味濃，下峽味淡，中峽濃淡之間。今見茶色半晌方見，故知是下峽。」

「鬥」入新境界

民間鬥茶是什麼樣子呢？范仲淹〈和章岷從事鬥茶歌〉記載了民間鬥茶的情形，摘錄部分如下：「北苑將期獻天子，林下雄豪先鬥美。鼎磨雲外首山銅，瓶攜江上中泠水。黃金碾畔綠塵飛，紫玉甌中雪濤起。鬥餘味兮輕醍醐，鬥餘香兮薄蘭芷。其間品第胡能欺，十目視而十手指。勝若登仙不可攀，輸同降將無窮恥。」鬥茶已經不只是鬥「茶」了，而是面子，勝者洋洋得意，敗者垂頭喪氣。

如果還想直觀看到宋人鬥茶的情形，我們可以透過南宋畫家劉松年的《鬥茶圖卷》來看看集市買賣茶葉及民間鬥茶的景象：幾個茶販在買賣之餘，巧遇或相約一起。息肩於樹蔭之下，各自拿出絕招，鬥試較量，個個神態專注，動作自如。元代書畫家趙孟頫的《鬥茶圖》是一幅充滿生活氣息的風俗畫，共畫有四個人物，他們身邊放著幾副直有茶具的茶擔。左前一人腳穿草鞋，一手持杯，一手提茶桶，袒胸露背，似在誇耀自己的茶質優美，滿臉得意的樣子。身後一人雙袖捲起，一手持杯，一手提壺，正將壺中茶湯注入杯中。右旁站立兩人，雙目凝視前者，似在傾聽對方介紹茶湯的特色。

鬥茶鬥什麼？一鬥湯色，二鬥水痕。蔡襄描述了鬥茶的過程：「先鈔茶一錢七，先注湯調令極勻，又添注入，環回擊拂，

湯上盞可四分則止。視其面色鮮白、著盞無水痕為絕佳。」（《茶錄》）

開鬥之時，觀者目不轉睛。先看茶湯色澤是否鮮白，湯色的比較也不是簡單的白色，而是有青白、黃白之分；純白者為勝，青白、灰白、黃白為負（《大觀茶論》）。蔡襄《茶錄》云：「既已末之，黃白者受水昏重，青白者受水詳明，故建安人鬥試以青白勝黃白。」因為湯色反映了茶的採製技藝。茶湯純白，表明茶採時肥嫩，製作恰到好處；色偏青，說明蒸時火候不足；色泛灰，說明蒸時火候已過；色泛黃，說明採製不及時；色泛紅，是烘焙過了火候。

鬥茶過程中，以水痕先者為負，耐久者為勝。也就是說點出的茶不能在盞上留下水痕，誰先出現水痕就為負。宋代主要飲用團餅茶，飲用前先要將茶團、茶餅碾碎成粉末。如果研碾細膩，點湯、擊拂都恰到好處，湯花就勻細，可以緊咬盞沿，久聚不散；水痕謂之「咬盞」，「烹新鬥硬要咬盞」，「咬盞」是指茶面湯花持續時間長，能緊貼住盞沿不散，如同咬住一般。如果湯花泛起後很快消散，不能咬盞，盞中就會露出水痕。所以水痕出現的早晚，就成為茶湯優劣的依據。

新茶一經鬥勝，便能身價百倍，「銖兩直錢萬」。北苑貢茶最好的「細如針……每片計工直四萬錢」。鬥茶就像選秀獲冠者，身價倍增啊。

鬥茶對用火也很講究。根據古人的經驗，烹茶一是燃料性能要好，火力適度而持久；二是燃料不能有煙和異味。現代使用電磁爐可以隨時控制火力，但是已經不是原來的味道了，就算是惠山泉水烹製，估計還是沒有山泉水的味道。拿宋代的貢茶，用自來水烹製，照樣有氯氣味道，沒辦法，只好學個皮毛，表面附庸，只可心中風雅，如此而已。

二、現代菜色的宋朝身世

油條原來與秦檜有關

我對油條的認知有二：一是老家管油條叫油饃，有一種油饃是把麵和好，擀成餅狀灑上油、蔥花，再揉成麵團，擀成餅狀，放到平底鍋或鏊子*上翻製。另一種油饃是用油炸的，做法更簡單，先和一塊麵，擀成餅狀，用刀切成條狀，放進油鍋炸，炸成金黃色時，撈出即可食用。炸油饃關鍵在火候，好的炸油饃又香又焦又酥。每年麥收之後，鄉村百姓要走「麥罷親戚」，多是用柳條穿幾串油饃放在竹籃裡。這樣的美食一般是小心品味的，吃不完的要掛在堂屋的梁下，自然風乾，再吃起來則格外堅硬、味道格外香。那個年代食物匱乏，油饃便成了上等美食，是走訪親友的必備食品之一。關於油條，我的另一個認識是這種食品不簡單，它蘊含了數百年來百姓的愛憎，百姓喜歡吃不僅是好吃，還包含著對奸臣的憎惡與唾棄。

油條就是秦檜肉？

油條是北方人常吃的早餐，大部分地區稱其為「油條」，這種食物配上豆漿或豆腐腦，實在是完美至極。在開封，這樣的早點攤處處有，市民都喜歡吃，我經常看到穿著睡衣的男人或女人用免洗筷挑著幾根油條招搖過市。梁實秋說：「燒餅油條是我們中國人標準早餐之一，在北方不分省分、不分階級、不分老少，大概都歡喜食用。」（《雅舍談吃》）南北朝時，《齊民要術》已記載油炸食品的製作方法：「膏環，用秫稻米屑、水、蜜溲之，強澤如湯餅麵，手搦團，可長八寸許，屈令兩頭相就，膏油煮之。」

中國古代的油條叫做「寒具」，用糯米粉和麵，加鹽少許，揉搓後撚成環形鐲子的形狀，用油煎。《東京夢華錄》有「油炸環餅」的記載，該是與「饊子†」相似吧。

在《東京夢華錄》還記載了另一種油炸食品：「又以油、麵、糖蜜造為笑靨，謂之『果食』，花樣奇巧百端……」這就是宋代的巧果，傳統做法為：把白糖放在鍋中熔為糖漿，加進麵粉、芝麻等輔料，拌勻後攤在案上，晾涼之後再切成均勻的長方形，最後再折為梭形或圓形，放到鍋中油炸至金黃即可。有些女子還會用一雙巧手，

---

*烙餅用的圓形平底鍋。

†「饊」音同「傘」，北方點心。用麵粉做成一束細絲之後加以油炸，即成。

把這些色澤豔麗的餅捏成各種與七夕傳說有關的花樣。這種油炸食品僅是七巧節用，沒有走入日常生活。《夢粱錄》中記載的「油炸從食」，則是油條之類的食品正式步入歷史舞臺。而油條與秦檜的關聯則在《清稗類鈔》找到了記載：「油炸檜：長可一尺，捶麵使薄，以兩條絞之為一，如繩，以油炸之。其初則肖人形，上二手，下二足，略如乂字，蓋宋人惡秦檜之誤國，故象形以誅之也。」

民間傳說，油條起源自南宋時的杭州。當時的杭州稱為臨安，城裡有一座眾安橋，橋下有兩家吃食攤，李四賣芝麻蔥燒餅，王二賣油炸糯米糰。當時朝廷昏庸無能，賣國降金的宰相秦檜和其妻王氏橫行當道，致使精忠報國的抗金英雄岳飛因莫須有的罪名被害於杭州風波亭。

消息傳開後，一時間群情激憤，街頭巷尾議論紛紛，痛罵賣國賊秦檜。王二和李四聽到這一消息後，非常氣憤。李四不由得攥起拳頭往案板上一敲。你看我來整治這小子，非叫他不得好死，於是從麵案上揪下兩塊麵疙瘩，捏成兩個麵人。一個是吊眉秦檜，一個是翹嘴王氏。放在案板操起刀，對王二說：「你看著，我叫這老奸賊碎屍萬段！」王二忙說：「甭！這不解恨，得叫他點天燈，下油鍋！」為了洩憤，李四拿起麵團捏成一男一女兩個小人的形狀，並讓它們背靠背黏在一起丟進油鍋裡，百般烹炸，令其滿鍋打滾，翻來覆去，不斷煎熬，直至「皮焦骨酥」，並取名叫「油炸檜」。並大聲吆喝：「都來看哪，秦檜下油鍋哩！」附近行人圍攏相望，無不拍手稱快。一對麵人撈出後，你揪一塊，他拽一裁，你撕他咬，都覺解恨。紛紛要求李四就照這樣多做多炸，人們爭相購買。既解心頭之恨，又充腹中之饑。其他食鋪見狀，也爭相仿效，幾乎整個臨安城都做起了「油炸檜」，並很快傳遍全國。剛做的時候，怕得罪秦檜，所以最早這個「檜」，是寫成火字偏旁的「燴」。消息很快傳到了秦檜那裡，他立即派人逮捕這些人，人們為求自保，只好將「油炸燴」改叫為「炸油條」。

清人顧震濤《吳門表隱》中講：「油炸檜，元郡人顧福七創始，然始於宋代，民恨秦檜，以麵成其形，滾油炸之，令人咀嚼。」清末《南亭筆記》記載濟南早晨有童子賣油炸檜之事。可見在清末這種食物才傳到北方，叫油炸鬼，連梁實秋先生也被整懵了。他說：「我生長在北平，小時候的早餐幾乎永遠是一套燒餅油條——不，叫油炸鬼，不叫油條。有人說，油炸鬼是油炸檜之訛，大家痛恨秦檜，所以名之為油炸檜以洩憤，這種說法恐怕是源自南方，因為北方讀音鬼與檜不同，為什麼叫油炸鬼，沒人知道。」元代的張國賓所寫的《羅李郎大鬧相國寺》雜劇中有這樣的唱詞：「小哥說：我四五日不曾吃飯，那邊賣的油炸骨朵們，你買些來我吃。我侯與買了五貫錢的油炸骨朵，小哥一頓吃完，就脹死了。」周作人推測說：「按骨鬼音轉，今云油炸鬼是也。」油炸骨朵大約確是油炸鬼的前身。清初康熙年間的學者劉廷璣在《在園雜誌》卷一記載了一次他由浙東觀察副使奉命引見，渡黃河，到了王家營，見草棚下掛「油炸鬼」數枚。他記載了做法：「製以鹽水和麵，扭作兩肢如粗繩，長五六寸，於熱油中炸成黃色，味頗佳。」這種食物俗名「油炸鬼」，也就是油條。

傳說寄託著人們對奸臣的恨，在朱仙鎮幾百年來留傳下一個燒秦檜的風俗。每年農曆正月十四到十六，廟裡道人用磚瓦泥塑一個秦檜像，下有口，肚裡空，拿桑柴一燒，秦檜便耳口眼鼻七竅生煙，人們便歡呼、叫罵，真解恨。有人拿燒餅在其上燒，烤得黃焦再吃，稱吃秦檜肉。

開封油條酥脆焦香

開封油條製作的時候，麵粉中要加小蘇打（或鹼）、礬、鹽溶液，再添水，和成軟麵團，反覆揉搓使勻。餳過之後，擀成片，切成長條，取兩條合攏壓過，抻長下入油鍋內，用長筷子不斷翻轉。由於受熱。麵坯中分解出二氧化碳，產生氣泡，油條就膨脹起來。炸成油條，色棕黃並鼓之圓胖，酥脆而香。

民國開封，百味小吃鬧東京，開封的油條不斷升級創新，有雙批油條、四批油條、八批油條、槓油條、小焦槓油條。當時戲臺演員隨口唱道：「賣油條的大嫂真能幹，長得漂亮身體健，真香油，細白麵，油果子炸得黃燦燦，保證秤頭不缺欠，捎包回家敬老年。」

據《開封商業志》記載：「正勁小槓油條，民國年間以大南門裡白禿（佚名）和徐府坑張家的最著名，建國後以朱少巨製作的有名。一九七八年被定為名產風味小吃。翻勁枉油條，建國後以車站食堂溫義高製作的最為著名，一九五六年和一九七八年兩次被定為名產風味小吃。」

對於一個吃貨而言，在開封總能遇到心儀的食物，一次在飯店竟然吃到了一道「油條拌黃瓜」的涼菜，黃瓜片配切斷的油條段放入盤中，調入鹽、雞精、醋、蒜泥香油拌勻即可，加入荊芥味道更佳。

我一度喜歡到東郊吃一家焦油條，店家炸的時間長一些，炸得焦黃酥脆，再配上綠豆糊或豆沫，佐以涼拌鹹菜絲，吃起來十分舒爽，香而不膩。

開封油餅香噴噴

記憶中關於故鄉的食物，除了餃子、麵條之外就是油餅了，而且必須是蔥花油餅。每年的初春，新蔥剛剛上市的時候，母親就會在地鍋裡烙油餅。以麵粉、蔥花、植物油、五香粉、鹽為原料烙製而成。特點是兩面柿黃，層次分明，外焦裡筋，酥香利口。少年時代，蔥花油餅是最好的乾糧，烙好的油餅可以放三、五天而不變質，而且是愈放愈乾，啃起來堪比新疆的饢，不過吃起來比饢更香。我嘗試做過幾次蔥花油餅，和麵不說，單就火候就不好把握，總是有些黑糊，影響口感，不然就是太乾，吃起來墊牙。我一度懷疑是煤氣灶的原因，因為少年時代母親用的是地鍋，燒的是劈柴。後來換了地鍋照樣做不成功，原來是技術。故鄉的風味，不是每個人都可以複製的，有些食物是有原產地保護的。

歷史悠久的開封油餅

開封油餅，歷史悠久。老開封都稱其為烙餅，豫東農村更習稱「烙饃」，有鹹有甜，所謂甜並不一定是添加了糖，而是與鹹相比味道淡一些而已。一般採用小麥麵團，用水和麵——冬天用溫水，夏天用涼水——不用發酵，百姓稱其為「死麵」。把麵團擀成水盤大小的圓張，甜餅極薄，不加任何調料，鹹餅略厚，常常佐以蔥花、油、鹽，所以鹹餅又稱蔥花油餅。將擀好的餅放在燒熱的鐵鍋、平底鍋或鏊子翻烤。甜餅一正一翻即熟，多伴著以綠豆芽、黃瓜絲、菠菜、粉條，加用醋蒜汁、芝麻醬或小磨油調拌的「貨菜」吃；鹹餅講究「三翻六轉」，不需另外燒菜，一碗由米或小米煮成的稀飯，或是麵湯即可，樸素簡單，邊吃邊喝，舒舒服服十分滋潤。

北宋東京城有一種「蓮花餅」有十五種顏色，每隔有一折枝蓮花，作十五色。北宋東京城已有專營的「餅店」，分為胡餅店、油餅店。明代餅類更為繁多，蔣一葵《長安客話》的「餅」文中，按成熟方法將餅分為三大類：水瀹而食者皆為湯餅；籠蒸而食者皆為籠餅，亦曰炊餅（「蒸餅」當然是用蒸氣蒸熟的餅），北宋仁宗的名字叫趙禎，為了避諱皇帝名字，於是「蒸餅」改為「炊餅」。武松的哥哥武大郎賣的就是這種食品。爐熟而食者皆為胡餅（「胡餅」因來自西域而得名）。此時餅仍做為麵食的統稱，直至清中葉以後，餅才開始指扁圓、長方形的麵食品。

咱單說油餅，《東京夢華錄》一書中記載：「凡餅店有油餅店，有胡餅店。若油餅店，即賣蒸餅、糖餅、裝合、引盤之類。胡餅店，即賣門油、菊花、寬焦、側厚、油砣、髓餅、新樣滿麻。」孟元老回憶舊京繁華，說京城裡的油餅店，每個案板上有三、五個人，有人專門負責「捍劑」，就是把小麵團擀開，供裝餡。有人專門負責「卓花」，在做好的生麵餅上點綴花色圖案，分工明確，然後入爐烘烤。每天五更開始，桌案的響聲，遠近都能聽得到。而只有武成王廟前海州張家、皇建院前鄭家的生意最興盛，每家有五十多座烤爐。擱在今天，開封如果一家餅店有五十多座烤爐同時加工，場面甚為壯觀，我保證可以申請金氏世界紀錄了。這得多大的店啊！每天得消耗幾十袋麵粉吧。「自土市子南去……得勝橋鄭家油餅店，動二十餘爐……」鄭家油餅店生意也很好，竟然有二十多座爐子同時開工，其熱鬧繁忙的場面可見一斑。另外在《東京夢華錄》裡面，還可以看到如曹婆婆油餅、張家油餅，也都是京師著名的餅店，反映出對於這種餅類的食物，食者眾多。油餅本是家庭平常的食物，卻在市場上頗受歡迎，也從另一個面向反映出京師百姓生活的富裕，用孟元老的話講就是「市井經濟之家，往往只於市店旋買飯食，不置家蔬。」

油餅還做為「看盤」進入國宴。《東京夢華錄》、《夢粱錄》說到皇帝賜宴，「每分列環餅、油餅、棗塔為看盤，次列果子。惟大遼加之豬、羊、雞、鵝、兔，連骨熟肉為看盤，皆以小繩束之」。這是說看盤有二行，一行是餅，一行是果子，有外族加一行是熟肉。油餅做為看盤，能夠上御宴，可見這普通的油餅還是很不平凡的。

看盤不能吃，僅是禮節性展示。

失傳的大油餅

豐富多樣的「餅」構成了古代麵食的一大特色，而且是各具特色。據《太平廣記》記載，在當時曾經發生過這樣一件有趣的故事：「王蜀時，有趙武者，眾號趙大餅。累典名郡，為一時之富豪。嚴潔奉身，精於飲饌。居常不使膳夫，六局之中，各有二婢執役，當廚者十五餘輩，皆著窄袖鮮沽衣裝。事一餐，邀一客，必水陸俱備。雖王侯之家，不得相仿焉。有能造大餅，每三斗麵擀一枚，大於數間屋。或大內宴聚，或豪家有廣筵，多於眾賓內獻一枚，裁剖用之，皆有餘矣。雖親密懿分，莫知擀造之法。以此得大餅之號。」三斗麵擀一張餅，而且「大於數間屋」，應該是真正的「大餅」了。《北夢瑣言》也記載了這個故事，這個叫趙武的官員，當過好幾任地方官員，廉潔奉公，不但官當得很乾淨，而且食品也做得乾淨漂亮。是一位清官美食家，尤其善於做大餅。他從來不請廚師，飲食方面自己操作。當然，憑他的手藝也沒人敢到他家應聘廚師，打下手的倒有十五個人。助手們都穿著窄袖子的工作服，而且衣著一定要乾淨。就算家裡只請一個客人，也要各色菜餚俱全，山珍海味樣樣不缺，哪怕是王侯之家都趕不上。且說他造的大餅，每一張大餅需要三斗麵粉做料。不知道是不是膨化的效果，餅出來後有幾間房那麼大。堪稱世界最大「披薩」了。

個頭大，味道如何呢？據說皇宮裡頭舉行宴會、豪宅大院舉辦宴席，都要買他做的餅。賓客們剖分而食，讚不絕口。

這餅是怎麼做的？對不起，歷史沒記載，只能歸咎於趙大餅智慧財產權觀念太重，哪怕最親密的親人朋友，都不能得知製餅的祕笈，至今再也看不到哪裡有賣如此大餅了。

吳凱先生曾經回憶開封另一家知名的油餅店，在書店街，名叫春祥油餅店。大約是在一九四七年，油餅很有特色，外焦內軟，裡面一層又一層，雖薄如紙卻很有嚼頭。配上大蔥蘸醬很可口。吳凱先生總結兩點，一是麵揉得好，二是火候掌握到位。使我想起小時候母親做的油餅，為什麼我做的總是沒有那時候的味，主要是我沒有揉好麵，沒有掌握好火候，再好的灶具依然做不出可口的美食，更缺少故鄉的味道。

北宋皇帝吃過西瓜嗎？

小時候在黑白電視中看《豬八戒吃西瓜》，感覺十分好玩，豬八戒貪吃，竟然囫圇吞下西瓜而不知西瓜的美味，煞是可愛。少年時代故鄉還是集體農業，豫東杞縣老家幾乎不種西瓜，也就吃不到西瓜，倒是經常吃地瓜和冬瓜，所以十分羨慕豬八戒。長大後，定居在西瓜之鄉，開封的沙地十分適宜西瓜生長，於是格外喜歡吃開封西瓜，研究開封文獻時也格外注意與西瓜有關的描述。有學者稱《清明上河圖》「河岸巡邊小販擺攤的桌子上，陳列著切開的西瓜」，其實是不可能的。西瓜好吃，但是北宋皇帝見不到西瓜，市井百姓更不會看到，就算是天蓬元帥估計也吃不到。開封西瓜雖然有名，但不是每一種食物都可以上溯到北宋的，西瓜在開封的廣泛種植應該在南宋初期開始的。

西瓜何時入中原？

西瓜，顧名思義就是從西面傳來的瓜。它何時傳入中原呢，需要我們先理順一下它的種植小史。關於西瓜，有的說法是早在漢代已傳入，隨著絲綢之路的貿易發展，先是傳入新疆，最後才傳入內地。翻閱文獻，歐陽修在《新五代史．四夷附錄》中敘述了西瓜引進中原的最早文字記錄，說是五代時期的胡嶠，居契丹七年，「自上京東去四千里，至真珠寨，始食菜。明日東行……遂入平川，多草木，始食西瓜。云：契丹破回紇得此種，以牛糞覆棚而種，大如中國冬瓜而味甘。」（胡嶠《陷虜記》）由此可知大約在隋唐之際，西瓜已傳到少數民族回紇的活動區域（即現在的新疆維吾爾自治區）。五代時引種到當時契丹族──遼王朝的統轄區，當時西瓜並不一定傳入中原，可以證明的是，胡嶠在北方吃過西瓜，僅此而已，並沒有說他帶回來西瓜。

這樣我們就會明白了，為什麼在北宋大型類書《太平御覽》上詳細記載了各種瓜果的名稱和特徵，然不見有西瓜之名。南宋初年回憶舊京繁華的《東京夢華錄》，在敘述東京城不同時節的各種瓜果時，也沒有提到西瓜。說明當時中原地區還沒有西瓜，所以無從寫起，北宋時期，不要說《清明上河圖》的市井中不可能有西瓜，就是皇帝佬也吃不到西瓜啊！關山萬里，異族統治的大好河山並不在北宋管轄區域，西瓜再好吃，可惜連聽都沒聽說過，更不要說見過了。

可以吃到西瓜的南宋人

西瓜在南宋種植的紀錄，可以從當時一位官員洪皓的筆記中找到佐證。宋高宗建炎三年（一一二九年），洪皓出任金國通問使，在金國住了十五年，紹興十四年（一一四三年）回到中原。他在《松漠紀聞》記載了西瓜，說：「西瓜形如扁蒲*而圓，色極青翠，經歲則變黃，其瓞†類甜瓜，味甘脆，中有汁尤冷。五代史四夷附錄云：以牛糞覆棚種之，予攜以歸。今禁圃、鄉圃皆有，亦可留數月，但不能經歲，仍不變黃色。鄱陽有久苦目疾者，療乾服之而癒，蓋其性冷故也。」這段記事表明是洪皓把西瓜種帶回江南，流傳開了，在宮廷和民間善加培育。西瓜性寒，南方人用西瓜來解暑疾，治眼病，效果極佳。

一一二九年，南宋詩人范成大出使金國，途經東京故城，目睹舊京一派頹廢，戰火破壞繁華之城，他異常痛心，諸多風物中獨對西瓜情有獨鍾（也說明西瓜是新生事物吧），寫下〈西瓜園〉一詩：「碧蔓凌霜臥軟沙，年來處處食西瓜。形模濩落淡如水，未可蒲萄苜蓿誇。」他還在該詩自註中說：「味淡而多液，本燕北種，今河南皆

---

* 即瓠瓜。
† 指小瓜，尤其指還在穰上、未長熟的小瓜。

種之。」他還在〈四時田園雜興〉中寫道：「童孫未解供耕織，也傍桑陰學種瓜。」可見，南宋初年時，西瓜已在開封種植。

有一個故事說的是御醫誘惑宋高宗吃西瓜。有一次宋高宗拉肚子，召御醫王繼先進來開幾副止瀉藥。王繼先見過皇帝，裝出一副天熱難耐的樣子，奏請道：「臣口渴得厲害，陛下能否賞賜幾塊西瓜，待臣吃完，再靜心為陛下診治。」於是高宗命人取來西瓜，王繼先一連吃了好幾塊。高宗奇怪地問：「瓜是否甜得很？」王繼先答道：「陛下，豈止甜得很，味道美極了。」高宗看別人津津有味地吃了半天，自己也忍不住想吃幾口。就問他：「朕現在能否吃這類東西？」王繼先遞給高宗一塊西瓜，並說：「臣要西瓜，正是想啟動陛下的食欲，臣願陪陛下一同受用。」

高宗也吃了幾塊，令他感到奇怪的是，他的腹瀉止住了。高宗驚異地問王繼先：「你沒開一方一藥，靠什麼神通治好了朕的病呢？」王繼先抬頭看看窗外，笑而不答。在高宗的追問下，他才說出原委：「陛下是因為中暑而引起腹瀉，西瓜又恰能祛暑，所以吃幾塊西瓜，解解暑，就沒事了。」

洪皓把西瓜帶到了南宋，這是可信的。西瓜此時在中國慢慢得到推廣。南宋的文天祥就寫了一首〈西瓜吟〉：「拔出金佩刀，斫破蒼玉瓶。千點紅櫻桃，一團黃水晶。下嚥頓除煙火氣，入齒便作冰雪聲。」可見，文天祥吃的西瓜還是黃瓤的呢。

汴梁西瓜渾身是寶

西瓜素有「夏季水果之王」的美稱，又有「天然白虎湯」*的佳譽，因而深受人們喜愛。從金朝開始廣泛種植的開封西瓜，到了元朝初年，開封周圍的農田被改為牧地，西瓜全被砍光。一二八八年，元朝改南京路為汴梁路，開封稱汴梁自此而始。而一一九四年黃河在陽武決口，從此黃河改道在開封南北流動，土質變沙，更加適宜西瓜生長，再次大面積種植，汴梁西瓜由此得名。

至今我們仍可以從《如夢錄》中看到明代開封人過中秋節喜歡吃西瓜的記載：「至八月十五日中秋佳節，祭月光，家家虔設清供月餅、西瓜、素餚、果品、毛豆等類，請客飲酒，名曰『西瓜會』……節禮用月餅、西瓜、鮮果、鴨、鵝肉肘。」（參見孔憲易校註《如夢錄·禮儀節令紀第十》）。說明明代開封人不但喜歡吃西瓜，還把西瓜當作一種探訪親友的禮品。一六四二年，明朝守城將士為了抵擋李自成起義軍的進攻，挖開了黃河大堤，生靈塗炭，汴梁西瓜，付之東流。清康熙年間，詩人丁日幹〈過汴城詩〉云：「沙壟尚沉前代碣，田疇非復故侯瓜。」

---

*由石膏、知母、甘草、粳米四味藥組成，是醫聖張仲景創製治療氣分熱盛的千古名方。把西瓜比作天然白虎湯，是形容西瓜清熱解暑的效果神奇。

汴梁西瓜在清代中後期繼續廣泛種植。《祥符縣誌》上說，開封東到陳留、西到中牟臨界，北與封丘臨界，南與尉氏臨界，為開封疆域；在這遼闊的土地上種植西瓜，是汴梁西瓜的原產地，與山東德州、浙江平湖並稱為「全國三大西瓜產區」。一九三八年，花園口決堤，汴梁西瓜再次遭受滅頂之災，天災人禍，西瓜和百姓遭遇浩劫。自此，汴梁西瓜品質下降，良莠不齊。一九五九年，在蘭州召開全國西瓜、甜瓜座談會的評比，汴梁西瓜名列倒數第二。為此，一九七三年，在湛江召開的全國出口工作會議上，周恩來總理曾指示：「一定要恢復汴梁西瓜的名譽。」（參見《河南省開封市果品公司志》油印本）在開封市蔬菜科學研究所的培育下，建立優良種植基地，汴梁西瓜再次走向輝煌。

俗話說「蕭山石榴碭山梨，汴梁西瓜甜到皮」、「滎陽柿子、孟津梨，汴梁西瓜甜紅到皮」，汴梁西瓜皮薄汁濃、肉多籽少、瓤沙脆甜、清香爽口。元人方夔〈食西瓜〉詩云：「香浮笑語牙生水，涼入衣襟骨有風。」由此可見，西瓜這一美食，自古以來人見人愛。西瓜全身是寶，夏季食用，不但可以排火降熱、止渴爽神，還是一帖清散暑熱、祛解暑毒的良藥。《南史・卷七十四・滕曇恭傳》中，曾記載了滕曇恭母親患熱病「思食寒瓜」之事，說明西瓜有治熱病的功效。多吃西瓜可防癌，多吃西瓜可減肥。外地客人一吃汴梁西瓜，連聲讚歎：「好吃！好吃！」只有食物才可以直達內心，一座城市除了美景，就是美食了，有吃，有玩，怎不令人流連忘返，樂不思蜀呢？

糖炒栗子故都情

「黃金週」休假到杭州尋找汴京風味，可惜的是大好時光被導遊給浪費了。如果不跟團，車票、住宿難解決；跟團則不能自由活動，計畫好的街巷尋訪以及南宋遺址探尋沒能成行，只好等待下次了。最後一天在杭州龍井路的農家院前，意外買到了所謂的野生栗子，個小，格外香甜，賣家貌似憨厚農人的模樣，說是山上野生的，十分美味，每斤二十五元。什麼東西只要一沾上「野」字就行情漸漲了。在車上品味這好吃的糖炒栗子，忽然就想起了宋代的歷史現場，那個時候也有糖炒栗子；宋金時期，以汴京的最為難忘，無論南宋的杭州，還是金代的中都，一枚栗子經過炒製，便成連接汴京故都的舌尖鄉愁。

栗子思鄉情

食物不僅連接著胃，還通往心扉。舊日風味永駐心間，久久不能忘懷。不是時間問題，而是地理問題。一直以為只有開封書店街的糖炒栗子好吃，殊不知，在杭州、北京都有好吃的糖炒栗子。汪曾祺說，北京的糖炒栗子其實是不放糖的，昆明的糖炒栗子真的放糖。昆明炒栗子的外殼是黏的，吃完了手上都是糖汁，必須洗手，而栗肉為糖汁沁透。而在開封吃的糖炒栗子沒有糖汁，貌似與北京的差不多。

栗子又稱板栗，在古代是重要的農作物，《史記．貨殖列傳》有「燕秦千樹栗……此其人皆與千戶侯等」的記載。栗子可代糧，與桃、李、杏、棗並稱「五果」，被譽為「木本糧食」、「鐵桿莊稼」。每年秋分前後，就算不是栗子產地的中原開封，素有「乾果之王」美稱的栗子也會滿城飄香。

栗子是一種極有益於人體的美食，清代食療專家王士雄《隨息居飲食譜》一書中說，栗子「甘平，補腎益氣，厚腸止瀉，耐饑，最利腰腳」，又說「生熟皆佳，點餚並用」。可見，用它炒著吃，也有強身健體作用。糖炒栗子吃到嘴中，滿口甜香。

我在北京曾經觀察過他們的糖炒栗子，看起來與開封的做法如出一轍，其製作方法是：精選優質板栗，而後放進裝有粗沙和糖稀的鍋裡翻炒而成。清代乾嘉年間郝懿行所著《晒書堂筆錄》卷四「炒栗」條，記錄了「糖炒」的情形：「栗生啖之益人……然市肆皆傳炒栗法。余幼時自塾晚歸，聞街頭喚栗聲，舌本流津，買之盈袖，恣意咀嚼，其栗殊小而殼薄，中實充滿，炒用糖膏，則殼極柔脆，手微剝之，殼肉易離而皮膜不黏，意甚快也。及來京師，見市肆門外置柴鍋，一人向火，一人坐高凳子上，操長柄鐵勺頻攪之令匀遍。其栗稍大，而炒製之法和以濡糖，藉以粗沙，亦如余幼時所見，而甜美過之。都市炫鬻，相染成風，盤飣間稱佳味矣。」

陸游在《老學庵筆記》中講過這樣一個故事：「故都*李和煼†栗，名聞四方，他人百計效之，終不可及。紹興中，陳福公及錢上閤愷出使虜庭，至燕山，忽有兩人持煼栗各十裹來獻，三節人各得一裹，自贊曰：『李和兒也。』揮涕而去。」由此可知，李和是汴京的名廚，在外族人侵犯家園時，其兒帶著糖炒栗子的絕技流落於燕山一帶，他將自己做的糖炒栗子獻給故國的使者，表達希望祖國統一的願望。有一年，周作人讀到了陸游《老學庵筆記》的這段話，勾起了他內心的苦楚。周作人寫《炒栗子》一文，云：「糖炒栗子法在中國殆已普遍，李和家想必特別佳妙……三年前的冬天偶食炒栗，記起放翁來，陸續寫二絕句，致其懷念，時已近歲除矣，其詞云：

燕山柳色太淒迷，話到家園一淚垂，長向行人供炒栗，傷心最是李和兒。

家祭年年總是虛，乃翁心願竟何如。故園來毀不歸去；怕出偏門過魯墟。」

一枚板栗，竟然通達故園家國……

汴京李和炒栗傳南北

趙翼《陔余叢考》卷三十三〈京師炒栗〉記載：「今京師炒栗最佳，四方皆不能及。按宋人小說，汴京李和炒栗，名聞西方……蓋金破汴後，流傳於燕，仍以炒栗世其業耳。然則今京師炒栗，是其遺法耶。」靖康之難之後，北宋東京以炒栗名聞四方的李和及其家人，做為能工巧匠被金人擄至燕京後，將其技術傳之當地，並一直延續下去。清朝北京的炒栗就傳自汴京名家李和，依然為全國最好的炒栗。

汴京李和炒栗一直被模仿，從未被超越。河南大學歷史學教授、中國宋史研究會副會長程民生研究，指出糖炒栗子源於北宋東京。北宋後期東京名產之一有「旋炒子」、「爊栗」，其中以「李和爊栗」名氣最大。筆者在孟元老著《東京夢華錄》卷八〈立秋〉看到了關於李和的記載，說：「雞頭上市，則梁門裡李和家最盛。士庶買之，一裹十文，用小新荷葉包，糝以麝香，紅小索繫之。賣者雖多，不及李和一色揀銀皮嫩者貨之。」這裡的雞頭可不是滷雞頭，而是新鮮芡實，俗稱雞頭菱。芡實是一種多年生睡蓮科水生植物，多生於池塘或湖泊沿岸淺水之中。西塘有一種特產就是芡實糕，味道很好。陳平原教授考證說因果實呈圓球形，尖端突起，狀如雞頭，故名。李于潢〈汴宋竹枝詞〉曾詠其事云：「明珠的的價難酬，昨夜南風黃嘴浮。似向胸前

＊指北宋汴京。

†即「炒」。

解羅被，碧荷葉裹嫩雞頭。」

如此看來，李和不僅會炒栗子，還善於炒芡實。

宋代散文大家蘇轍晚年得了腰腿痛的毛病，一直治不好。後來，一位山翁授他一祕方，即每天早晨用鮮栗十顆搗碎煎湯飲，連服半月。蘇轍食用後果然靈驗，不禁賦詩曰：「老去自添腰腳病，與翁服栗舊傳方。經霜斧刃全金氣，插手丹田借火光。入口鏘鳴初未熟，低頭咀嚼不容忙。來客為說晨與晚，三咽徐收白玉漿。」詩中道出了栗子的食療功效。

陸游一生坎坷，卻能活到八十五歲高齡，與他一生注重飲食養生有很大關係。他喜歡吃栗子，深諳栗子的養生作用，晚年牙齒鬆動，還是難以捨棄吃栗子的愛好。他在〈夜食炒栗有感〉詩中所寫道：「齒根浮動歎吾衰，山栗炮燔療夜饑。喚起少年京華夢，和寧門外早朝時。」陸游自註道：「漏舍待朝，朝士往往食此。」他回憶起當年在大內北門和寧門候早朝，以炒栗充饑之事。南宋的官員在上早朝的時候，竟然可以吃炒栗子之類的果品早點。如此看來，南宋杭州的炒栗，還是從北宋東京城傳過來的，他們懷念的還是舊京師風味的食品。南宋杭州市面上的栗子食品更多，「秋天有炒栗子」，素點心店有「栗糕」，粉食店中有「栗粽」（《夢粱錄》）。此外，亦有用「山栗、橄欖薄切同拌，加鹽少許」而成的菜餚，因「有梅花風韻，名梅花脯」。

還有用山藥、栗子切片後用羊湯等燒成的「金玉羹」（《山家清供》）。而千百年來，也只有汴京李和的炒栗子最叫人懷念，沒有之一。

鍋貼和鍋貼豆腐

年初，出版社負責人和編輯來開封拜訪作家，選擇飯店時，郭燦金老師說要找個有開封特色的地方，最後他定的是鍋貼。忽然想起去年秋天要小聚的時候也曾提起吃鍋貼。應該不是因為「郭」和「鍋」同音的緣故吧？但至少說明了鍋貼在開封人心中占據的歷史地位還是比較重要的。鍋貼和鍋貼豆腐是兩種食物，前者是主食，後者是菜餚，二者算是近親吧，關於鍋貼的菜餚有「鍋貼魚片」、「雞汁鍋貼」、「鍋貼鯉魚」等，食材不同，味道各異。不過畢竟都是姓「鍋」，製作方法上還是有一些相同之處。

羞辱日本憲兵的鍋貼

我一直懷疑鍋貼的出現就是餃子的變異，餃子用水煮，鍋貼用油煎，使用的器物和加工的方法不同而已。鍋貼該是和水煎包屬於「堂兄弟」吧。我一直以為鍋貼在清代開封才有，查閱《東京夢華錄》沒有發現鍋貼的記載。後來在《開封飲食志》

和《開封市志》發現，鍋貼早在北宋東京就有，只不過名字不一樣罷了。在北宋東京，有一種食品叫「煎角」，後來的餃子啊、鍋貼啊、湯麵角啊都是從「角子」演變而來。餃子歷史悠久，在北宋不叫餃子，叫「角子」。如今豫東地區的老百姓在家包的一種中間圓兩頭尖的包子一直稱之為「角（音同「決」）子」，像極了農村手工縫製的老年人棉鞋模樣，只不過個頭要小。《東京夢華錄》裡載北宋東京的市場裡有賣「水晶角子」、「煎角子」。《清明上河圖》畫面上，在眾多飲食攤店中有一個傘形篷下掛有「角子」招牌的小吃攤。在明代以前，還沒有「餃」這詞，後來講的「餛飩」就是「餃子」，《清稗類鈔．飲食類》：「北方俗語，凡餌之屬，水餃、鍋貼之屬，統稱為餛飩，蓋始於明時也！」在北宋時期的開封市井，一種「水晶角子」或「煎角子」的食品已經受到了吃貨們的好評。這種「煎角子」拉開了鍋貼食品的帷幕，一個「煎」字細緻刻畫了鍋貼的核心工藝。

開封鍋貼多以韭黃、豬肉為餡，死麵為皮，形似小船，用平底鍋煎成焦黃酥脆的帶翅鱗兒。回民餐廳採用牛肉、羊肉餡，還有素餡鍋貼。近代開封著名的「天津稻香居鍋貼鋪」開業於光緒八年（一八八二年），地址選在鼓樓商圈的核心區域——南書店街南頭路東，兩間門面房，後面是四間餐廳，店主叫邵書堂，人稱邵大，因聘用的鍋貼師傅是天津人，所以就在字號前冠以「天津」二字。該店製作的鍋貼選料嚴謹，製作精細，焦黃酥脆，皮筋餡香、灌湯流油、鮮美溢口，深受顧客好評。調餡和包生鍋貼都不是難事，關鍵是入鍋製作，必須依次擺放在平底鍋內，加入清水用武火煮製；水乾後，再澆上稀麵水，待水消盡，淋入花生油再用文火煎製，鍋貼至柿紅色的時候即成。

遺憾的是這家鍋貼店在開封淪陷期間關門停業，一停就是三、四十年。傳說停業是因為老闆得罪了日本人，日本人喜歡把餃子生煎，在開封一看有如此好吃的鍋貼，格外歡喜，不斷騷擾，有的不給錢，生意難以維持。店老闆也是忍無可忍，於是就把鍋貼當武器，與日本兵來了一次鬥智鬥勇。有一天晚上，又來了一群日本兵，多是從鼓樓西南側的憲兵隊出來的。在食品中投毒違背職業道德，還是羞辱他們一番吧！當晚，店老闆親自出手，用一小型圓平底鍋，將生鍋貼排成一個圓形，做鍋貼澆麵水時故意加了一點紅色，做出來的鍋貼不但焦黃，還隱隱透紅。店主一改過去鏟起就正放盤子的方式，直接找一大白色搪瓷盤，整鍋倒扣。端上之後，日本憲兵吃得可歡，讚不絕口。臨走時，這夥兒憲兵想討好隊長，於是店主再製作了一份這樣的鍋貼，連同圓形白色搪瓷盤一起端走。店主知道不妙，連夜打發好店員逃出開封。憲兵隊長吃過鍋貼之後，愈想愈不對勁，不正是把日本的「膏藥旗」給吃了嗎？這還了得，第二天一早就抓人，已經人去店空了。

這店一停，開封人吃不到這麼好的鍋貼了，老開封們十分懷念過去的味道，政府開始搶救挖掘風味小吃，一九六一年，曾在「天津稻香居鍋貼鋪」當過學徒的著名廚師邢振遠在開封恢復鍋貼製作，但是沒有形成規模。一九七六年，開封飲食公司出資在馬道街中間路西、原新世界理髮廳舊址重建鍋貼店鋪。開封人可以吃到道地的鍋貼了，這裡的鍋貼一九八〇年被評為河南省名優小吃，一九九七年被中國烹飪協會評為「中華名小吃」。

鍋貼豆腐：民樂亭飯莊的鎮店名菜

馬道街前段開始展露民國風的時候，我到現場尋找過民樂亭飯莊，因為歷史變遷僅找到大致位置，已經不見當年的痕跡。民樂亭飯莊與馮玉祥有關。一九二八年，馮玉祥改相國寺為中山市場，把相國寺鐘樓改為茶社書場，取名「民樂亭」。一九二九年，高雲橋在此開設餐館，沿襲舊名，主要以相國寺遊人為服務對象。一九三二年，遷到了馬道街南頭路西，經營中檔宴席及麵點。高雲橋的兒子高壽椿學藝多年，在烹飪界頗為知名。他在民樂亭飯莊做的鍋貼豆腐廣受歡迎，被顧客稱為鎮店名菜，早在二十世紀三〇年代就享譽中州＊。

＊古豫州位於九州正中，為今河南省一帶，亦指中原地區。

鍋貼豆腐製作時選用淨魚肉（雞胸亦可），豆腐做主料，以魚肉、蛋清、粉芡、鹽、薑汁、大油、味精打成暄糊；豆腐捺成泥，摻到糊內攪拌。再將肥肉膘切成方形薄片，將打好的糊抹在上面，把收拾好的青菜葉鋪在上面，抖上乾粉芡面，掛上蛋清糊，入熱油鍋炸成微黃色，撈出剁成長條塊，裝盤即成，此菜特點是外焦裡嫩、鮮香利口、入口即化，佐以花椒鹽食之，別有風味。

民樂亭飯莊雖然無跡可尋了，我們依舊能在開封吃到道地的鍋貼豆腐，有時胡同深處一家很小的店面就有正宗的豫菜，所謂酒香不怕巷子深也，美食同樣不怕胡同長。

灌腸和灌肺

曾經我把開封的灌湯包念成「灌腸包」，沒想到，開封還真有「灌腸」美食，首先聲明，灌腸與醫學無關，不要有其他聯想。這個世界遠比我們想像的更加豐富多彩、更加嫵媚多姿。沒有想不到，只有看不到或遇不到。諸多美食，令人垂涎三尺，好吧，我們開始一一品味。

灌腸曾救蘇軾命

在北京街頭，可以吃到灌腸。這道食品看起來色澤粉紅，鮮潤可口，鹹辣酥香，別有風味。清光緒福興居的灌腸很有名氣，人稱普掌櫃為「灌腸普」，傳說其製作的灌腸為慈禧太后所喜。各大廟會所賣灌腸是用澱粉加紅麴所製。據說最初的灌腸是用豬小腸灌綠豆粉芡和紅麴，蒸熟後，外皮白色，腸心粉紅。後來由於豬小腸與澱粉不相合，就用澱粉搓成腸子形，上鍋蒸，但保持了灌腸的名稱。再後也不用綠豆粉了，顏色也不像以前的好看。炸灌腸的時候須先將成型的灌腸切片，在餅鐺中炸至兩面冒泡變脆，取出澆上拌好的鹽水、蒜汁趁燙吃。老北京的灌腸以長安街聚仙居的最好。北京的導遊說，灌腸在明朝開始流傳。《故都食物百詠》中提到煎灌腸說：「豬腸紅粉一時煎，辣蒜鹹鹽說美鮮。已腐油腥同臘味，屠門大嚼亦堪憐。」開始我也被北京的導遊給懵住了，以為灌腸就是起源於北京，後來讀《東京夢華錄》才恍然大悟。《東京夢華錄》記載北宋東京的灌腸、炒肺，每份不過二十文。

傳說蘇軾在五十二歲那年當上了杭州太守，有一年杭州一帶大旱，莊稼顆粒無收。太守蘇軾開倉放糧，救了一州百姓。地方土豪暗中告他借救災之名，行貪汙之實。撫臺大人聽信讒言，將蘇軾拘捕查辦，並奏朝廷判決。土豪買通了牢獄看守，要他們暗使手腳將蘇軾餓死。一天，看守提著一個籃子進來，對他說：「有人給你送來美味佳餚了」。說著，將籃子往地上一放，捂著鼻子出去了。蘇軾湊近一看，是一籃子又腥又臭的豬腸子，他用手向下一扒，卻冒出一絲香味，於是，從下面抽出一段腸子，用鼻子一聞，香氣醉人，再一嘗，香甜可口。不久，皇帝派欽差前來查明了此案，蘇軾官復原職，立即打聽腸子菜的來由。原來，杭州有位姓陳的屠夫深感蘇太守恩德，曾幾次送去美味的肉菜，都被看守吃掉了。無奈，才想出了這個辦法，還真騙過了看守，救了蘇軾的性命。蘇軾再三感謝陳屠夫的救命之恩，高興地把這道菜叫做「灌香腸」。

灌腸是因製作工藝而出名，清代翟灝《通俗編．飲食》引《齊民要術》云：「有灌腸法，細銼羊肉，及蔥鹽椒豉，灌而炙之，與今法無異也。」古人喜歡烤著吃，用小刀一片一片切著吃，很是愜意。《事物紺珠》載：「灌腸，細切豬肉料，拌納腸中，風乾。」由此可見，灌腸的做法與開封香腸的做法沒有什麼區別啊，僅是名字稍微變化了一些，都是傳統食品。

開封香腸主料為豬瘦肉和豬腸衣，肉要剔除筋膜，將肉絞碎，把肥肉切成一公分的小方塊；再將肥瘦肉拌勻，加入各種輔料，拌至有黏性為止。洗淨腸衣控乾水分，將配好的肉灌入腸衣，注意粗細均勻，將腸扎針放氣，打節，每節十六公分，兩節為一對，懸掛於陰涼處風乾。成品呈棗紅色，有光澤，形體為竹節形，粗細均勻，表皮乾燥有皺紋，略有彈性，味美可口，食而不膩，餘味久長。

開封還有以羊肉為原料的香腸，以料酒、白糖、薑汁、花椒油、食鹽為配料，先將配料製成料汁，把羊肉切成細長小條，放入料汁浸漬十五分鐘。然後把羊肉灌入腸衣，每隔十公分用麻繩紮為一節，每掛有六至七節，掛於通風、乾燥、陰涼處陰乾即成。色澤淡褐，質地乾爽。食時或蒸或煮，切片拼盤，助餐佐酒均宜。

灌肺曾是宋代名吃

如果您穿越到北宋，在京城，就會發現城門口、街頭和橋頭集市多有早市。「每日交五更，諸寺院行者打鐵牌子或木魚循門報曉……諸趨朝入市之人，聞此而起。諸門橋市井已開……直至天明。」這是《東京夢華錄》卷三〈天曉諸人入市〉中，所記述的城門和橋頭早市的景象。早市上的買賣有瓠羹店的灌肺和炒肺，粥、飯、點心等早點。

南宋時的杭州，就把北宋的灌肺帶去。《夢粱錄》一書記載，當時的「市食」中有「香辣灌肺」；《武林舊事》一書則記載有「香藥灌肺」。灌肺如何製作，南宋典籍語焉不詳，但稍晚的元代《居家必用事類全集》一書中卻說得很清楚：「羊肺帶心一具，洗乾淨如玉葉*。用生薑六兩，取自然汁，如無，以乾薑末二兩代之，麻泥、杏泥†共一盞，白麵三兩，豆粉二兩，熟油二兩，一處拌勻，入鹽、肉汁。看肺大小用之‡。灌滿，煮熟。」

南宋時期的「香辣灌肺」除增加香料，還要加芥末（辣椒要到明代才傳入中國）、胡椒一類辣味，使得灌肺又香又有辣味。製作香辣灌肺並不是很難，先取羊肺一具，反覆灌水洗淨血汙，將澱粉加入薑汁、芝麻醬、杏仁泥、黃豆粉、肉桂粉、豆蔻粉、熟油、羊肉汁、適量鹽、清水少許調成薄糊，邊灌邊拍，使之灌滿羊肺，然後用繩子紮緊氣管口子，與羊肉塊同煮，熟時切成塊狀，蘸醋、芥末或蒜泥之類調味品食之，口味鹹香軟糯，風味獨特。

南宋杭州有「灌肺嶺橋」，北宋時就叫灌肺橋，亦名瓦子後橋。灌肺巷就是以出售灌肺而出名的。但現時開封、杭州的小吃、點心中，已經沒灌肺這一名吃了。好在新疆維吾爾族保留了這一工藝，製作方法與元代書籍記載的一樣，只是不在羊肺中灌裝那麼多香料、調料。做法是把羊肺中的血放出，將麵漿、清油灌入其內，即為麵肺子。

＊洗淨的肺葉。

†芝麻及杏仁製成的糊狀物。

‡各種配料的用量根據肺葉的大小而定。

汴京包子甲天下

小時候，我對包子的印象就是母親包的角子，到鎮上市場上賣的也多是角子，像個楦頭一樣，裡面有素餡或肉餡，我最喜歡母親做南瓜餡角子。長大後，到開封讀書，發現這個城市多是賣包子的幌子，生熟皆有。午朝門廣場還沒擴建的時候，每天早晨我們學校在湖東岸跑操，我經常見到一面杏黃旗，上書「開封灌湯包子」，一開始我很納悶，怎麼是「灌腸」？吃過包子就洗禮了嗎？我念出聲後惹得同學哈哈大笑，原來是「灌湯」，就這樣我深深地記住了開封的包子。畢業出社會後，週末回縣裡，總要給父母捎去開封的包子品嘗品嘗。

與老家的角子相比，開封的包子味道更美一些。角子吃的是鄉愁，包子吃的是文化。開封包子就是這座古城的另一種象徵，歷史的厚重，文化的包容。一張麵皮，可以包下幾千年的歷史故事和民俗風情。城牆宛如一張皮，豫劇、鬥雞、胡辣湯、花生糕、木板年畫、書法、河南墜子等都包容進去。灌湯包子內容精美別致，吃麵、吃肉、吃湯被整合成一顆包子，這就是開封文化的魅力。一座城是一個包羅萬象的文化包子，不但有夏朝味、北宋味這樣的古都包子，還有明、清、民國的河南味，常言道：「根在中原，家在河南」，離開開封談河南與離開包子談開封一樣是不完整的。

宋朝的饅頭不是饅頭，包子不是包子

在宋代，饅頭不是饅頭，包子不是包子。為什麼這樣說，主要是區別現在的饅頭和包子。饅頭起源於三國時期。最早的饅頭是在內部包入羊肉、豬肉餡料，做成人頭形狀，以此代替人來祭拜河神。這是宋代《事物紀原》書中的記載。宋代的饅頭為一種有餡的發酵麵團蒸食，形如人頭，故名。其品種甚多，見於文獻記載的有四色饅頭、生餡饅頭、雜色煎花饅頭、糖肉饅頭、羊肉饅頭、太學饅頭、筍肉饅頭、魚肉饅頭、蟹黃饅頭、蟹肉饅頭、筍絲饅頭、裹蒸饅頭、辣餡糖餡饅頭、蕈饅頭、巢饅頭等幾十種。蕈饅頭，即以香菇做餡的饅頭。

包子之名最早出現在《清異錄》中，據記載，五代後周京城汴州城閶闔門外的張手美，隨四時製售節日食品，他在伏日製售一種叫「綠荷包子」。這是開封包子最早記載。孟元老《東京夢華錄》記載北宋東京的小吃店就有瓠羹店、油餅店、胡餅店、包子鋪等。

由於發酵技術的革命，饅頭、包子發展到北宋，成為首都開封的全民食品，包子鋪和酒肆、茶坊一樣，在開封人的生活中處於重要地位，有史可考的就有「灌漿饅頭」、「羊肉饅頭」、「梅花包子」、「太學饅頭」、「湯包」、「素包」、「豆包」等，這種飲食風尚後來影響了整個大宋乃至今天河南人的飲食，甚至大江南北的飲食，南方的生煎包子似乎與此有關。至今，豫東農村包的三角形包子，裡面放糖還叫糖包。

不過，那時候的包子以冷水麵製皮，多為素餡。而饅頭以發酵麵製皮，餡心為肉類，也就是今天的肉包子。北宋以後，饅頭在中原地區漸成為無餡之發酵麵製品，包子則成為以多種麵團製皮，包有葷素各類餡心的麵食統稱。

宋代還有一種食品叫酸鎌（一作「餡」），酸鎌是什麼食品？它是一種與饅頭形狀極其相似的麵食，有學者認為，酸鎌即「今日的素餡包子」。歐陽修《歸田錄》卷二云：「京師食店賣酸鎌者，皆大出牌榜於通衢。而俚俗昧於字法，轉酸從食，鎌從臽。有滑稽子謂人曰：『彼家所賣餕餡*，不知為何物也。』」酸鎌有肉、素兩種。肉酸鎌見於《夢粱錄》卷十六〈葷素從食店〉中，素類酸鎌有七寶酸鎌等。到了元代酸鎌主要是素包子了，《居家必用事類全集》記載了酸鎌的做法：「饅頭皮同，褶兒較粗，餡子任意。豆餡或脫或光者。」

宋朝皇帝愛吃包子

宋神宗特別喜愛吃包子，因此當時開封的包子是最有名的。太學饅頭源於北宋太學。據傳，元豐初年的一天，宋神宗去視察國家最高學府——太學，正好學生們吃飯，於是令人取太學生們所食的飲饌看看。不久飲饌呈至，他品嘗了其中的饅頭，食後頗為滿意，說：「以此養士，可無愧矣！」從此，太學生們紛紛將這種饅頭帶回去饋送親朋好友，以浴皇恩。「太學饅頭」的名稱由此名揚天下，成了京師內外人人皆知的名吃。宋室南遷之後，太學饅頭的製法又傳到了杭州，成為那裡著名的市食之一。據孫世增先生研究，太學饅頭的製法頗為簡便，它是將切好的肉絲，拌入花椒麵、鹽等佐料來作餡，再用發麵做皮，製成今日的饅頭狀即可。其形似葫蘆，表面白亮光滑，具有軟嫩鮮香的風味特色，即使是沒有牙齒的老人也樂於食用。

據王椋《燕翼詒謀錄》卷三載：「大中祥符八年二月丁酉，值仁宗皇帝誕生之日，真宗皇帝喜甚，宰臣以下稱賀，宮中出包子以賜臣下，其中皆金珠也。」

《鶴林玉露》記載，北宋蔡京的太師府內，有專做包子的女廚。這些女廚分工精細，有切蔥絲的、有拌餡的、有和麵的、有包包子的等。京城有一個讀書人娶了小老

＊音「俊叨」。

婆，她說自己曾在當時太師蔡京的家裡做過廚娘，專門負責蒸包子。讀書人就讓她做包子，她又說不會做。讀書人就問她：「妳既然在蔡京的家裡專門蒸過包子，怎麼不會做？」她回答說：「我在那裡負責給包子餡切蔥絲的。」流水線的包子製作，反映了宋代包子製作技術的精湛。

《東京夢華錄》載汴京城內的「王樓山洞梅花包子」為「在京第一」，另外，鹿家包子也很著名。《東京夢華錄》中有「更外賣軟羊諸色包子」記載，雖未點出包子的具體名目，但從「諸色」一語中可見宋朝時開封包子品種之多。南宋時，包子已成為一種大眾食品。品種比較繁多，人們以甜、鹹、葷、素、香、辣諸種輔料食物製成各種各樣的餡心包子，其中僅吳自牧《夢粱錄》、周密《武林舊事》等書中就載有大包子、鵝鴨包子、薄皮春繭包子、蝦肉包子、細餡大包子、水晶包、筍肉包、江魚包、蟹肉包、野味包子等十餘種。

宋代麵條花樣多

在我個人的記憶中，麵條就像鄉村麻雀一樣平常，無論冬夏皆可遇。父親愛吃麵條，一天三頓麵條都不煩。小時候我不明白父親為什麼如此偏好麵條，多年之後，雙林弟弟在微信中給我私信，講起他小時候的一件事，他說：「以前我最討厭吃麵條，哪怕是一天三頓饅頭都可以。自從出去打工後，自己也喜歡吃麵條了，因為麵條吃起來省錢，既能吃飽，還有湯和菜。記得小時候大伯給我說了一句話，直到現在記憶猶新，說雙林小兒啊，好好幹、好好幹，只要是自己掙得，別人吃肉，咱吃麵條，打嗝嘍一樣聞，最起碼咱心裡踏實。」弟弟一語道破了天機，這麵條就是父親大半生來最忠實的食物。

小時候，我和妹妹都喜歡吃他擀的大寬麵條，吃起來筋道，像燴面一樣爽口。「可以粗到像是小指頭，筷子夾起來撲棱撲棱地像是鯉魚打挺。」（梁實秋語）他有他的訣竅，就是和麵的時候打兩個雞蛋，麵就筋，口感就好。如果說富人天天山珍海味，窮人天天麵條的話，一天照樣是二十四小時，最平常的食材才是最本真的生活，就像蘿蔔、白菜一樣，百姓最喜歡吃也最吃不厭煩的還是這些東西。一根擀麵棍，一塊案板，一瓢麵粉就解了一日三餐，可以配肉，可以配菜，甚至一段生蔥切成蔥花，用鹽和小磨油簡單醃製之後就可以下鍋，經典的蔥花麵，經常出現在大飯店的餐桌上，平常才是經典。

古代麵條叫什麼？

中國麵條起源於漢代，那時麵食統稱為「餅」，因麵條要在「湯」中煮熟，所以又叫「湯餅」。高承《事物紀原》卷九〈湯餅〉云：「魏晉之代，世尚食湯餅，今索餅是也。」湯餅據今人考證實際上是一種麵片湯，將和好的麵團托在手裡撕成麵片，下鍋煮成。在湯餅的基礎上發展成的「索餅」，這是中國歷史上最早的水煮麵條。東漢時期的索餅是用手搓揉延引成長而細的麵線形態，是邊製作邊投入沸湯中煮熟的。

早期的麵條有片狀和條狀。片狀是將麵團托在手上，拉扯成麵片下鍋而成。到了魏晉南北朝，麵條種類增多。這個時期，擀麵棍出現，是麵條的一次革命，再也不用以手托麵團拉扯了，故有了「不托」、「傅托」的稱呼。《齊民要術》記有「水引餅」的製法，是一種長一尺、「薄如韭葉」的水煮麵食，類似闊麵條。在唐代，麵條的稱謂多了起來，又有以「冷淘」、「溫淘」稱之。其中「冷淘」指涼麵，「溫淘」

指過水麵，那種叫做「冷淘」的過水涼麵，風味獨特。

宋元時期，「掛麵」出現了，如南宋臨安市上就有「豬羊罨生麵」以及多種素麵出售。麵條在宋代得到了充分的發展，成為飯粥之外最重要的主食。

宋代麵條品種豐富多彩

到宋代，麵條正式稱作麵條，而且品種更為豐富，出現了「索麵」和「湼麵」，麵條開始有了地方風味之別。當時北宋東京城內，北食店有「罨生軟羊麵」、「寄爐麵飯」之類，南食店有「桐皮熟燴麵」，川飯店有「大燠麵」，寺院則有「菜麵」；南宋臨安城內，有北味、南味之分，如北味「三鮮麵」，南味「鵝麵」，山東風味的「百合麵」。市場上出現的麵條還有炒麵、煎麵及多種澆頭麵等。麵條的品種與花樣逐漸增多，遂形成獨特的地方風味，也成為當時人們的日常主食。這時製麵的技術已比較進步，品質也非常好。《清異錄》中列舉的「建康七妙」，其中有一妙是「湼麵可穿結帶」，是講調配揉製的麵團做成的麵條，下鍋煮後韌性更大，就算打起結或像帶子那樣掛起來也不會斷。

宋代麵條形式多樣。筆者查閱《東京夢華錄》、《武林舊事》、《夢粱錄》、《山家清供》等書，發現關於麵條的記載就有近百種左右，如：罨生軟羊麵、桐皮麵、插肉麵、大燠麵、菜麵、百合麵、鋪羊麵、罨生麵、鹽煎麵、筍淘麵、素骨頭麵、大片鋪羊麵、炒鱔麵、捲魚麵、筍潑麵、筍辣麵、筍菜淘麵、七寶棋子、百花棋子、薑潑刀、帶汁煎、三鮮棋子、蝦燥棋子、蝦魚棋子、絲雞棋子、撥刀雞鵝麵、家常三刀麵、菜麵、血臟麵、魚麵、絲雞麵、三鮮麵、筍潑肉麵、炒雞麵、大熬麵、子料澆蝦燥麵、耍魚麵、肉淘麵、銀絲冷淘麵、抹肉麵等（參閱《中國飲食史》）。

蝴蝶麵，源於宋代的一種湯餅。宋人筆記《東京夢華錄》、《都城紀勝》以及《夢粱錄》中，均有對蝴蝶麵的記載。明代蔣一葵《長安客話餅》云：「水瀹*而食者皆為湯餅，今蝴蝶麵、水滑麵、托掌麵、切麵、掛麵……禿口麻食之類是也。」清代飲食專著《調鼎集》還記載有蝴蝶麵的製食法：「鹽水和麵擀薄，撕如錢大小，雞湯肉臊。」隨著時代和烹飪技術的發展·如今蝴蝶麵在傳統製食法的基礎上有很大改進·既可煮又可炒，食法多樣。

梅花湯餅，用白梅花、檀香末浸水和成薄麵皮，以模具鑿成梅花片，煮熟加雞清湯而成。湯鮮「花」香，味道極美。梅花湯餅據傳是宋代一位德行高尚的隱士所創造，後傳於世。宋代林洪《山家清供》上有記載，梅花湯餅的製作方法，是先用白梅花和檀香末浸泡的水和麵，揉或擀成餛飩皮大小，放在印有梅花圖案的鐵模子裡，將麵皮鑿成一朵朵「梅花」。再把「梅花湯餅」入沸水煮熟後，放入雞清湯中供客人食用。每客只需二百餘花。這種梅花湯餅麵構思新穎，清新別致，製作精巧，色、香、味、形有機結合，有山林幽靜，回歸自然和吃法美妙的特點。這種梅花形麵片湯，由於片薄、湯鮮，可謂形美、味美。鮮美的清湯裡漂浮著一朵朵潔白清香的小梅花，可以想見此湯餅的色香味都是清絕的。

元代，可以久貯的「掛麵」問世。明朝初，「抻麵」開始出現了，明代宋詡《宋氏養生部》第一次記錄了「抻麵」的製作方法，抻麵是用手拉成麵條，故稱「扯麵」。「用少鹽入水和麵，一斤為率。既勻，沃香油少許。夏月以油單紙微覆一時，冬月則覆一宿，餘分切如巨擘。漸以兩手扯長，纏絡於直指、將指、無名指之間，為細條。先作沸湯，隨扯隨煮，視其熟而先浮者先取之。齏湯同前製。」這種做法與現在燴麵、拉麵大同小異。

開封拉麵「口吹飄飛」

我曾聽開封王饃頭老字號的掌櫃王安長先生講過，當年開封淪陷期間，王饃頭拉麵在相國寺生意極好，日本憲兵十分喜歡吃他家的拉麵，每天絡繹不絕。因為有憲兵

---

*音同「月」，意思為煮。

經常光顧，沒有地痞流氓的敲詐，生意異常興隆。

老掌櫃的徒弟何夢祥是個拉麵高手。何夢祥是杞縣人，一九三三年來到開封，先在「尉慶樓」當學徒，後到王饃頭拉麵館。他體格魁梧，強壯有力，為人憨厚。學徒時因被師傅看中，遂以拉麵技藝為終生職業。由於他製作的拉麵具有光滑筋香的風味特色，被食客譽為「饃頭家拉麵」而傳頌於世。原來拉麵在開封只有三、四個品種，何夢祥對此並不滿足，他先從一年四季不同季節的水溫使用和配料開始進行探索。經過多年的試驗，創製了窄薄條、寬薄條、一窩絲、空心麵、夾心麵等品種。一九五八年，他參加河南省技術大比武的時候用三兩水麵拉出了十三公里的長度（《開封飲食志》下冊），令觀者驚歎，人稱「細如髮絲」、「口吹飄飛」，一舉奪得拉麵第一名的桂冠。一九五九年，他出席全國財貿系統「群英會」，表演拉麵技藝。他做的開封「龍鬚拉麵」在能拉十五環，全長三十二．七八尺，細如髮絲而無並條、斷條，名列第一。

吃一碗風味獨特的宋朝撈麵

如今，每到夏天，午飯最好吃的不過一碗撈麵條，雞蛋番茄滷製作簡單，食材隨處可取。如果在製作滷的時候加入一把荊芥，清涼味便彌漫其間，更是爽口。前段看元人繪畫，劉貫道的《消夏圖》所繪場景令人神往，在沒有空調的漫長時代，古人的乘涼憨態可人。忽然我就想起了古人的涼麵，他們是如何做撈麵條的呢？一定是手擀麵了，地鍋煮熟，井水過一遍，澆入不同的滷，吃起來肯定風味獨特。

槐葉冷淘始於唐，興於宋

槐葉冷淘出現在唐代，以槐葉汁和麵做成麵條，煮熟，再經寒泉水淘過製作而成。宮中夏日製作，賜予臣下，以示皇上恩寵。民間也吃。杜甫在四川曾寫過〈槐葉冷淘〉詩，說它「鮮碧俱照筯，經齒冷於雪」。老杜讚美了古代的一種撈麵——槐葉冷淘。這是將槐葉汁和麵做成麵條煮熟之後，放在冰水或井水中浸後而成。所以有「經齒冷於雪」之感。杜甫在這首詩的末句云：「君王納涼晚，此味亦時須。」皇帝晚上乘涼的時候也吃這種珍貴的山村美味涼麵啊！冷淘，在唐代史料上記載較多，用植物的葉汁和麵在當時就是一種時尚。做為一種盛夏的消暑食物，也被詩人津津樂道。據《唐六典》：「太官令夏供槐葉冷淘。凡朝會燕饗，九品以上並供其膳食。」可見唐代宮中已盛行夏日吃槐葉冷淘。之所以如此，是因為槐葉味涼苦，用其汁和麵做冷淘，在夏天食用後可以使人去熱降火。

《東坡詩集後集》有一首〈三月九日攜白酒鱸魚過詹史君食槐葉冷淘〉，美食家蘇軾寫了：「枇把已熟粲金珠，桑落初嘗灩玉蛆。暫借垂蓮十分盞，一澆空腹五車書。青浮卵碗槐芽餅，紅點冰盤藿葉魚。醉飽高眠真事業，此生有味在三餘。」蘇軾帶著白酒、鱸魚到友人處吃了一餐槐葉冷淘。正是枇杷初熟、色呈金黃之時，詩人嘗到剛釀成的桑落酒，酒中尚帶有「玉蛆」（白色酵米）。詩人要用滿杯蓮花王盞中的酒，來澆滿腹文才難以展現的苦悶。碧綠的槐芽製成冷淘麵，浮在圓盤上，鱸魚片由紅色的加藿葉調味，點綴冰盤之中。醉飽睡著之後，也是很有意思的。從詩中可以看出，宋代的槐葉冷淘製得很美，青的冷淘配紅的魚膾、白的桑落酒，色彩也美、味道更美。

《山家清供》有「槐葉淘」，記載了做法：在夏天採摘長的、高的好槐葉，用開水略浸，研細後濾青汁，和麵做淘，用醬醋做成調味汁，將麵條細密擺在盤中端上來，看上去青碧可愛。

宋代麵條發展迅速，製作技藝也高。細麵條明顯增多，蘇東坡有「湯餅一杯銀絲亂」之句，陸游有「銀絲入釜須寬湯」。出現抻麵的萌芽，「水滑麵」得「抽、拽」用水浸透的麵塊，成薄片狀後「下湯煮熟」。在麵條成熟方法上，煮之外，出現炒、煎、熬等法，麵條的質感也就不一樣。出現多種澆頭麵及摻和畜肉、蝦肉、食藥製成的麵條。在宋代，早期的地方風味也已出現，有北方麵條、四川麵條、南方麵條、素麵條等。飲食市場進一步細化，出現了更多的「冷淘」，據《東京夢華錄》、《夢粱錄》、《武林舊事》、《都城紀勝》等古籍記載，宋代的「冷淘」主要有：筍菜淘麵、銀絲冷淘、甘菊冷淘等。

甘菊冷淘，風味獨特的宋朝撈麵

在《東京夢華錄》中提到冷淘的地方很多，大凡是賣麵食的食店皆有冷淘。冷淘在宋代的品種更多，其中最為著名的要算是「甘菊冷淘」了。「甘菊冷淘」就是甘菊嫩葉汁和麵做成的麵條。王禹偁〈甘菊冷淘〉詩云：「淮南地甚暖，甘菊生籬根。長芽觸土膏，小葉弄晴暾。采采忽盈把，洗去朝露痕。俸面新且細，溲牢如玉墩。隨刀落銀縷，煮投寒泉盆。雜此青青色，芳草敵蘭蓀……」王禹偁詳細地描述了「甘菊冷淘」的製法及特點，即將採摘來的新鮮甘菊榨出汁，和入麵粉中揉成團。用刀切成細條，煮後投入「寒泉盆」，由於摻進了甘菊汁，所以「冷淘」其色青青，芳香濃郁，色香味俱佳。

《事林廣記》中收錄的「翠縷冷淘」：「槐葉採新嫩者，研取自然汁，依常法溲麵，倍加揉搦。然後薄捍、縷切，以急火瀹湯，煮之。候熟，投冷水漉過，隨意合汁澆供。味既甘美，色亦青碧，又且食之宜人。此即坡仙法也。」「翠縷冷淘」就是用槐葉汁拌和麵粉製成的冷麵，因其色翠綠，故名。這一食品，實則是杜甫所歌詠過的唐代「槐葉冷淘」的發展。

宋代兩京的食肆上還有「銀絲冷淘」和「絲雞淘」等出售，絲雞淘即是雞絲冷麵。《東京夢華錄》還記載了雜技藝人「倒食冷淘」的新技藝，就是頭朝下吃撈麵條。陸游在《春日雜詩》中有「佳哉冷淘時，槐芽雜豚肩」，可見冷淘也有與葷食同吃的。元代《雲林堂飲食制度集》中亦有「冷淘麵法」，是用鱖魚、鱸魚、蝦肉等做「澆頭」的冷麵，風味也很佳美。明清時北京的冷淘麵相當有名，有「京師之冷淘麵爽口適宜，天下無比」之譽。《帝京歲時紀勝》說：「夏至大祀方澤，乃國之大典。京師於是日家家俱食冷淘麵，即俗說過水麵是也。」

我一直懷疑，開封拉麵使用的冬瓜羊肉滷，是不是與宋代的冷淘有關呢？開封拉麵一定要過水，否則不爽口，這也是宋代撈麵的進一步發展吧！

白菜曾是趙匡胤最愛

剛大學畢業求職那陣子，好不容易不再吃學校食堂的大鍋菜了，自己買了一套廚具，裝模作樣地自己採購、自己掌勺，到市場看見啥想吃就買啥，好像這就是小康生活。我買過長蛇一樣的長豆角，不好吃。我還買過竹筍，做不好，還是不好吃。曾經我以為已經跳出了「農門」，如今已經「人模狗樣」了，不該再吃從小到大一直吃的大白菜了，平常的大白菜便宜我也不買，有時買稀罕的韭黃，吃得胃酸。經過一段時間的自我折磨，忽然發現，吃來吃去，還是蘿蔔、白菜養人，無論物價多麼上揚，白菜依舊低調樸素，去掉奢華，僅剩華美，靜待客來。

百菜不如白菜

白菜古代就已有之，只不過名字不叫白菜罷了，「菘」這個名字初見於東漢張機的《傷寒論》，其實就是漢代的白菜。古代的白菜葉子小且不包心，遠不能與現代白菜相比。我們已經無法品嘗或見到漢代白菜了，但是歷經這麼多年，白菜一直多有變化，無論品質、形狀還是味道都是。據文獻記載，漢代的菘和蔓菁相類似；南北朝之後，菘開始有了變化。大約在唐、宋時期，經過人工培育，菘與來自北方的蕪菁自然雜交後，植株由小變大，發展出散葉、半結球、花心和結球四個變種。我在李時珍《本草綱目》中看到關於菘的記載：「菘性凌冬晚凋，四時常見，有松之操，故曰菘。今俗謂之白菜，其色青白也。」其實白菜之名在宋代已經出現。蘇頌在《圖經本草》中說：「菘，舊不載所出州土，今南北皆有之。與蕪菁相類，梗長葉不光者為蕪菁；梗短葉闊濃而肥痹者為菘……揚州一種菘，葉圓而大，或若，啖之無滓，絕勝他土者，此所謂白菘也。」可見，到了宋代優良的白菜品種已培育成功。實心白菜結實、肥大、高產耐寒，且滋味鮮美，故詩人蘇軾用「白菜類羔豚、冒土出熊蹯」，比喻白菜像羊羔和小豬肉一樣好吃，是土裡長出來的熊掌。

生長在宋都開封一帶的結球白菜隨宋廷南遷，又回到了江南，在南宋行都臨安稱為「黃芽菜」，又稱「黃芽白」。同時，結球白菜在金朝和元朝統治時期，在今北京及周邊地區得到迅速發展，並在明清時期成為北方一些地方的當家菜。元末明初《輟耕錄》記載，當時的大白菜「大者至十五斤」。從而可以想像，那時的白菜和現代的已沒啥差別了。明代更把河南的黃芽白菜譽為菜中之「神品」。清代光緒元年（一八七五年）河南白菜在日本東京展出，當年日本愛知縣試種，從此，白菜傳入日本各地。

趙匡胤和京冬菜

京冬菜扒羊肉源於北宋初年，是一道雅俗共賞的名菜。說起京冬菜還有一段饒有趣味的傳說。據傳，宋太祖趙匡胤當初孤身闖蕩江湖，在一座寺院內搭救了被草寇欲占為妻的趙京娘。一日行至陳州城外，天色已晚，人困馬乏，因剩銀兩不多，便住進一家小店，相求店婆婆隨意做些吃的充饑。時值冬季，因無時令鮮菜，婆婆無奈取來兩棵大白菜——她的兄弟在城內開醬園作坊，數日前家裡不慎讓這兩棵菜掉進醬缸內了。婆婆把菜葉切絲，配以肥嫩羊肉和鮮豌豆子各做一盤菜下飯。趙匡胤和京娘食之甚香，京娘嬌問趙匡胤盤中黑色菜絲叫什麼菜，趙匡胤趣答，在京城東與京娘共餐，就取名「京東菜」（後稱「京冬菜」）吧。

畫家齊白石有一幅寫意大白菜圖，題道：「牡丹為花之王，荔枝為果之先，獨不論白菜為菜之王，何也？」其實，若論起產量與營養，白菜是當之無愧的蔬菜之王。《本草綱目拾遺》說：「白菜汁，甘溫無毒，利腸胃，除胸煩，解酒渴，利大小便，和中止嗽。」並說「冬汁尤佳」。白菜根煎服治傷風感冒，用白菜根、蔥白、白蘿蔔加生薑煎製的「三白湯」，不但治感冒，還治氣管炎。白菜可以清燉，可以涼拌，或葷或素皆可入味。

我的記憶中有冬季儲存大白菜的畫面，城市好像也儲存，鄉村則需要窖藏白菜，用玉米秸稈蓋住再撒上土，基本上就可以過冬了。低溫確保白菜不爛，想吃的時候揭掉乾葉就可以製作佳餚。整個冬天幾乎天天都與白菜打交道：熬菜、酸辣白菜，放入臘八蒜罐子中的白菜切成小塊直接下酒。白菜養人，白菜是百菜之王，是廚房中的大眾情人。

吃羹還是老開封

首先聲明一點啊！我這是誠心邀請大家品味老開封的各種羹，絕對不是叫大家吃閉門羹。說起閉門羹還真有些小故事。眾所周知，「閉門羹」意為拒客，但「閉門」何以與「羹」聯繫起來呢？原來，「閉門羹」一語始見於唐代馮贄《云仙雜記》所引《常新錄》的一段話：「史鳳，宣城妓也。待客以等差……下列不相見，以閉門羹待之。」

少年時代，我只知有湯而不知有羹，待客用的「湯匙」我們那裡叫「調羹」，就像把醋喊作「忌諱」一樣，貌似很有學問的樣子。一直以為湯和羹是不同的食物，後來讀到《閒情偶寄》才得知原來他們是一家啊：「湯即羹之別名也。羹之為名，雅而近古；不曰羹而曰湯者，慮人古雅其名，而即鄭重其實，似專為宴客而設者。」羹是與飯相搭配的，無羹就不能下飯。幾千年的老開封本身就是一鍋熬了八個朝代、添加歷史現場、留存文化記憶的老湯。至今，在街頭隨處可見的仍然是各式各樣「湯」的招牌。黃河本身就是一黃湯，黃河文明孕育的中原文化則更是湯濃味厚，其他地方所不及也。

到宋代去吃羹

《說文解字》說：「五味和羹也。」五味和羹，在肉中加上菜、醋、醬、鹽、梅五種調料。可見古人喜歡吃羊肉，所謂「羹」不就是上面一隻羔羊下面一個美字嗎？羊肉好吃，羊肉多喝湯，至今開封還有很多羊肉湯鍋。

大宋南遷，不僅人才，還有諸多美食也到了江南。久居東京的宋五嫂南逃，同小叔在西湖邊以捕魚為生。一次，小叔淋暴雨患重病臥床不起。當日五嫂正為其煮魚、燒蛋，不料官兵進村抓丁造皇宮。宋嫂為小叔向官兵苦苦哀求，不慎碰翻了灶上的酒醋瓶。待官兵走後，鍋中魚蛋已成羹狀。小叔食之覺異常鮮美，胃口大開，很快康復。隨後人們爭相效仿，並稱之為「宋嫂魚羹」，因其色澤黃亮，鮮嫩滑潤，宛若蟹羹，故又名「賽蟹羹」。後遇宋高宗乘船遊西湖，與宋五嫂相談，她便端出魚羹，高宗思鄉情懷頓時油然而生，對魚羹讚譽有加，並賞賜文銀百兩給宋嫂。從此，宋嫂魚羹就這樣傳開了。宋嫂魚羹是用鱖魚或鱸魚蒸熟後，剔去皮骨，加上火腿絲、香菇、竹筍末及雞湯等作料烹製而成，其形狀、味道頗似燴蟹羹菜。此羹呈鮮黃色，味道鮮美。多年之後，俞平伯在〈雙調望江南〉中寫到：「樓上酒招堤上柳，柳絲風約水明樓，風緊柳花稠。魚羹美，佳話昔年留。」前面描寫西湖樓外樓，後面的「魚羹美」，就是「宋嫂魚羹」了。

蘇東坡不但創了東坡肉，還創作了東坡羹。「東坡羹，蓋東坡居士所煮菜羹也。不用魚肉五味，有自然之甘。其法以菘若蔓菁、若蘆菔、若薺，皆揉洗數過，去辛苦汁，以生油少許塗釜，緣及瓷碗，下菜湯中，入生米為糝。」將蔓菁、蘿蔔洗淨切成寸段，生薑洗淨切塊，粳米淘淨一起放入砂鍋，加水煮成稠粥，加入白糖即成。蘇東坡還記載了一種用芋艿與米粉做成的玉糝羹：「過子忽出新意，以山芋作玉糝羹，色香味皆奇絕。天上酥陀則不可知，人間絕無此味也。」南宋林洪《山家清供》中記載了玉糝羹的另一個版本：一天晚上，蘇東坡與其弟蘇轍喝酒，喝得十分暢快。酒喝多了，就把蘿蔔敲碎煮爛，也不用別的佐料，直接放進米粉熬的糊中，調成羹來吃。吃著吃著，蘇東坡忽然放下筷子，撫摸著桌子讚歎：如果不是西天仙境的、酥軟的佳糕，世上哪會有這樣的好味道。無論用蘿蔔與粳米粉組合做的東坡羹，還是用芋艿與粳米粉組合做的玉糝羹，都是人間美味啊。

蘇軾做的羹不過是素食，徽宗時奸相蔡京則奢侈，吃一碗羹要殺鶉數百隻，不但殘忍，而且土豪。

還有一種食物叫做粥，粥其實也屬於羹或者湯一類，羹加肉了，粥比湯稠，都屬於流食，養生健胃。在宋代，喝臘八粥的習俗已經頗為盛行。吳自牧《夢粱錄》云：「十二月八日寺院謂之臘八。大剎等寺俱設五味粥，名曰臘八粥。」孟元老《東京夢華錄》：「十二月初八日，諸僧寺送七寶五味粥於門徒斗飲，謂之臘八粥，一名佛粥。」臘八粥不僅在寺院煮食，民間也很盛行。周密《武林舊事》說：「八日，則寺院及人家用胡桃、松子、乳蕈、柿蕈、柿栗之類做粥，謂之『臘八粥』。」食粥養生，自古以來好此者甚眾。宋代詩人陸游晚年喜粥，曾賦詩曰：「只將食粥致神仙。」可知他視粥為珍品。

宋代時，粥膳養生較之前代有了更大的發展與進步。不僅更為普遍，同時也積累了寶貴的粥膳食療方。例如《太平聖惠方》第九十六卷和九十七卷的「食治」中記載了一百二十九種粥膳食療方；《聖濟總錄》中也記載了一百多方；《養老奉親書》中則收集了數十方適合中老年人養生長壽的粥膳食療方。在這些書籍收錄的粥膳食療方中，有些配方至今仍在沿用，如蓯蓉羊肉粥、生薑粥等。

東京瓠羹最出名

筆者在閱讀宋代筆記時不斷見到關於瓠羹的記載，都說瓠羹店以潘樓街的徐家瓠羹和尚書省西門西東子曲的史家瓠羹最出名。什麼是瓠羹？就是用瓠菜做成的菜羹。

《齊民要術》載：「作瓠菜羹法：用瓠葉五斤，羊肉三斤，蔥二升，鹽蟻五合，口調其味。」南渡舊臣袁褧在《楓窗小牘》回憶東京繁華：「舊京工伎固多奇妙，即烹煮盤案亦復擅名，如王樓梅花包子、曹婆肉餅、薛家羊飯、梅家鵝鴨、曹家從食、徐家瓠羹……」《東京夢華錄》記載了大內東南角的「徐家瓠羹店」、大內西側的「史家瓠羹」以及州橋西側有「賈家瓠羹」。其中「史家瓠羹、萬家饅頭，在京第一」。所謂的「瓠羹店」，專售各種菜羹，兼賣煎豆腐、煎魚、煎鱉、燒菜、燒茄子等菜餚。「此等店肆乃下等人求食粗飽，往而市之矣。」（《夢粱錄》卷十六〈麵食店〉）其實不然，宋徽宗就喜歡吃瓠羹，每逢春節的時候，在規定的時間和規定的地點到皇宮兜售的各色小吃中，他最喜愛的小吃是「周待詔瓠羹，貢餘者一百二十文足一個，其粗細果別如市店十文者」。看來入宮的食物不亞於觀光區所賣的啊！一百二十文錢買的周待詔瓠羹，和外面十文錢賣的大小差不多，估計差別在味道吧，要不宋徽宗怎麼如此喜歡呢？

從宋代食店經營的食品特色來看，可分為分茶店、羊飯店、南食店、訖髓店、菜麵店、素食店、衢州飯店等數種。筆者把與羹有關的店梳理如下：「分茶店」是食店中規模最大的一種，由於它又是一種綜合性食店，因此時人往往將麵食店統稱為「分茶店」。所謂分茶，即指食品、菜餚，「大則謂之分茶」。《夢粱錄》卷十六〈麵食店〉載：「若曰分茶，則有四軟羹、石髓羹、雜彩羹……石肚羹、豬羊大骨、雜辣羹、諸色魚羹、大小雞羹、攛肉粉羹、三鮮大熬骨頭羹……」羊飯店是一種經營北方菜餚食品為主的飯店。店內除出售米飯外，還兼賣酒。顧客如沒有多少吃飯時間，則先上頭羹、石髓飯、大骨飯、泡飯諸類的飯食。素食店又稱「素食分茶店」，這是一種專供佛教信徒飲食的飯店。出售的菜餚有頭羹、雙峰、三峰、四峰……炸油河豚、大片腰子、筍辣羹、雜辣羹、白魚辣羹飯。「衢州飯店」，又稱「悶飯店」，這是一種專賣家常飯食的飯店，除出售盦飯*外，還賣攛肉羹、骨頭羹、蹄子清羹、魚辣羹、雞羹、耍魚辣羹、豬大骨清羹、雜合羹、南北羹等。

由此可見，在宋代大小飯店離不開湯羹，還有一些熱菜也帶羹，我就不說了。民國時期傳承下來的也不少，比如開封已故名廚李春芳做的「全羊席」，第八十八道菜是「鹿尾珍珠羹」，此乃羊淨肉、雞腿、乾菜切成蓮子樣，加上葛仙米、蓮子，再用牙色湯勾流水芡，灑香菜末。《食醫心鑑》中的鶻突羹，主治脾胃氣冷，不能下食，虛弱乏力。開封特級名廚李全忠專研宋代文獻，挖掘整理仿製，成功製成鶻突羹。

水晶膾古往今來是佳餚

單位改制前，黨委工作部有位老軍轉幹部，尉氏人，姓吳叫雙來，書法、公文寫得皆好，更被人稱道的是他做的皮凍，據說街上賣的都沒他做的好吃。

他做的皮凍其實就是我老家過年時候家裡製備的一道菜——豬蹄凍，只是沒有加入肉皮而已，純豬蹄，製作方法差不多，無非是廢兩煤球[†]而已。開封人把這道菜叫做水晶凍，包括水晶蹄凍和水晶皮凍兩種。

無論是豬蹄凍還是水晶皮凍，其實都源於北宋的水晶膾，宋、元、明以來，做法稍有不同，但是核心內容還是傳承下來了。這道菜上至帝王，下至百姓都十分喜愛。至今，在開封的一些飯店甚至熟食店還可以買到。

＊宋代粥的品種之一，盦（音同「安」）是古代一種盛食物的器皿。盦飯就是將米飯放在盦裡，加上水，然後按燒乾飯的方法燜熟。

† 多燒兩塊煤球的意思。煤球是方言，指的是「蜂窩煤」，在天然氣大規模普及之前，城市居民都靠它生火，燒水、做飯等。

黃庭堅酒後愛吃水晶膾

小時候，我的一位鄰居以屠宰牲畜為生，那時候還沒有冰箱，他就把整扇的豬肉用繩索懸於機井中，井內溫度低，適宜保鮮。這個方法早在北朝北魏時期就已廣泛應用，廚師們開始用水井保鮮食材。《齊民要術》中的「水晶」法就是用豬蹄和肉等加水共同烹製，然後包壓吊在井中，使其冷凍凝結。如此看來，水晶膾的出現至少該是在北魏時期，到了北宋才在市場上廣為流行。宋代豬肉物美價廉，羊肉貴，普通百姓只好多食豬肉了。

水晶膾在《東京夢華錄》、《夢粱錄》和《武林舊事》中頻頻出現，是當時市肆中著名的菜餚。孟元老在《東京夢華錄》卷二〈州橋夜市〉一節中就提到了水晶膾：「月盤兔、旋炙豬皮肉、野鴨肉、滴酥水晶膾……」〈馬行街鋪席〉一節中亦提到了夜市賣水晶膾的記載：冬月，雖大風雪陰雨，亦有夜市……」主要有「薑豉、抹髒、紅絲水晶膾、煎肝臟、蛤蜊、螃蟹、胡桃」等食物。卷六〈十六日〉一節中，說正月十六日又有「都下賣鵪鶉骨飿兒……水晶膾」等，由此可見，在北宋的東京城，水晶膾是多麼風行！從以上史料中還可以看出，水晶膾一般多在冬天有。

水晶膾是宋代一道受歡迎的涼菜，用魚鱗熬成。南宋陳元靚《事林廣記》中有詳細記錄：「赤梢鯉魚，鱗以多為妙。淨洗，去涎水，浸一宿。用新水於鍋內慢火熬，候濃，去鱗，放冷，即凝。細切，入五辛醋調和，味極珍。須冬月調和方可。」

另外宋詞還可以作證——南宋詞人高觀國專門寫過一首〈菩薩蠻．水晶膾〉：「玉鱗熬出香凝軟，並刀斷處冰絲顫。紅縷間堆盤。輕明相映寒。纖柔分勸處，膩滑難停箸。一洗醉魂清。真成醒酒冰。」從高觀國的描寫來看，魚鱗熬成的水晶膾，不僅透明、輕滑，而且口感清爽，是醒酒佳味。注意這裡面有個詞叫「醒酒冰」，當中還有一個故事，與黃庭堅有關。《山谷集》中有一首詩叫〈飲韓三家醉後始知夜雨〉，寫的是黃庭堅醉酒之後吃水晶膾的事，容我摘錄如下：「醉臥人家久未曾，偶然樽俎對青燈。兵廚欲罄浮蛆甕，饋婦初供醒酒冰。」作者自註云：「予常醉後字『水晶膾』為『醒酒冰』，酒徒皆以為知言。」

原來水晶膾還可以醒酒。在《山家清供》中有一道菜叫「醒酒菜」，做法是把瓊芝菜洗淨，泡軟，再煮化成膠，倒在容器裡，趁熱投進去十幾片梅花。等冷凝成凍後，切細條，用薑和鮮橙肉佐拌。瓊芝即石花菜，又名瓊枝、洋菜，是一種海藻類植物。這道水晶膾實際是一道素食，另有一番風味與營養。不知道黃庭堅吃到的是不是這樣的水晶膾。可見，水晶膾是分葷、素兩種的。

到了元代，水晶膾的做法有了變化。《居家必用事類全集．飲食類》水晶膾做法：「鯉魚皮鱗不拘多少，沙盆內擦洗白，再換水濯淨。約有多少，添水，加蔥、椒、陳皮熬至稠黏，以綿濾淨，入鰾少許，再熬再濾。候凝即成膾，縷切。用韭黃、生菜、木樨、鴨子、筍絲簇盤，芥辣醋澆。」這道水晶膾和《事林廣記》中的差不多，但是在用料上有變化，除魚鱗外，還用了魚皮、魚鰾，如此，熬出的汁液更加稠黏，風味當不一樣。此外，這種水晶膾是和其他五種原料一起拼擺冷盤用的，而調味則用「芥辣醋」。

水晶膾進入宋高宗的御筵食單

南宋杭州食市中除水晶膾外，還有「筋子膘皮」、「膘皮炸子」、「膘皮」、「三色水晶絲」、「水晶炸子」、「皮骨薑豉」等，見於《西湖老人繁勝錄》、《夢粱錄》、《武林舊事》等書。《武林舊事》卷九收錄的張俊供奉宋高宗的御筵食單中，共記有「鵪子水晶膾」、「紅生水晶膾」，可見水晶膾不僅可供普通百姓食用，也可以供皇上、高官品嘗，只不過製作更講究一些罷了。

張俊為高宗擺設的御筵中，第十二盞即鵪子水晶膾。鵪子水晶膾以鵪鶉為主料。鵪鶉肉質細嫩，滋味香美，民諺有「天上的飛禽，香不過鵪鶉」之說。中醫認為：其肉味甘、性平，可補五臟，益中續氣，實筋骨，耐寒暑，清熱。開封特級烹調師李全忠挖掘整理資料，仿製了這道菜。其製法是先將鵪鶉宰殺後洗淨，從脊開膛，在湯內略浸後撈在盆內；原汁湯濾去雜物，倒入盆中，加入蔥汁、薑汁、花椒和陳皮，再放入精鹽、料酒、味精上籠蒸爛；下籠時揀去花椒、陳皮，滗出原汁，剔去鵪鶉骨頭（保留頭部，使其形狀完整）。再把豬肉皮放進開水鍋內浸透撈出，片淨皮上的油脂，上籠蒸爛，過濾一下，兌入蒸鵪鶉的原汁，放在火上微熬片刻待用。最後把鵪鶉放進直徑十二公分的碟內，並擺放成形，將汁澆入，放進冰箱速二十分鐘取出，扣裝盤內，點綴香菜；薑米、香醋兌成汁，隨菜上桌（參閱《開封名菜》）。

開封仿製宋菜水晶膾

普通百姓更習慣用肉皮製作水晶膾，皮凍如經調味（不用醬油）為「清凍」，無色透明，如水晶狀，即古代之水晶膾；加醬油色如琥珀，稱「渾凍」，又稱「琥珀凍」。如加入青紅椒、雞蛋皮、木耳等，即成「彩凍」，如將帶色料切成絲加入可成「三絲彩凍」、「五絲彩凍」；「渾凍」中加皮蛋等可製成「瑪瑙凍」；熬渾凍時肉皮不全部熬化，冷卻時夾有層層肉皮，稱「肉皮凍」或「虎皮凍」。以上諸種皮凍，均可按需調味，然後切成片、丁、條等供做酒菜或筵席冷盤；也可與他料同拌做涼菜。唯不宜再次加熱，固其在「凍」類中屬「軟凍」類。「清凍」除可供直接食用外，有的則利用其「軟凍」特性，切碎與餡料拌在一起，可製成「灌湯包子」、「灌湯蒸餃」等。曾經帝王將相家宴的美食，如今在開封成為尋常百姓家的小菜。

開封名廚孫世增曾根據元代《居家必用事類全集》所記載水晶膾的基本方法仿製：殺白雞一隻剁成四大塊，豬肘子剔除骨頭，與去油脂的豬肉皮一起用清水煮至八成熟時撈出，清洗乾淨後放在盆裡，放入薑片、大蔥段。加入適量精鹽、料酒與清水以旺火蒸製，待雞肉、肘子酥爛、湯汁有彈性而且清澈，用湯籮濾出湯汁。先使湯汁的一半凍結，而且在其上面用火腿、香菜葉隨意擺成花朵形圖案；再將另一半湯汁均勻地倒入凍結，然後切成菱形塊，使每塊裡面都有一個花朵形圖案，裝盤即成。食用時調以薑末、香醋。特點是晶瑩透明如水晶，軟滑爽口，是佐酒佳餚。

魚膾穿越千年真美味

記得少年時代，村子西邊有一鐵底河，河水清澈，魚蝦在水裡自由活動，我和小夥伴常執漁網打撈魚蝦。印象比較深刻的是，兜出來的河蝦身子骨晶瑩剔透，順手拔去大腿和鉗子就填進了嘴裡，滋味極鮮，肉質筋道，略帶鹹味。那個時候是無汙染的河道，歡蹦亂跳的小魚卻沒人生吃，大家都嫌腥，實則是不習慣生吃魚肉啊！多年以後，我混跡於城市，在霓虹閃爍的街頭看到有日本料理店，偶爾進去體驗一把，生魚片終是吃不習慣。曾經以為生魚片是日本人的專利，殊不知，這是中國人的老吃法了，有幾千年的歷史。在宋朝更是十分流行，宮廷市井皆有這道菜。

宋代魚膾吃起來真「愉快」

魚膾，周朝宮廷名菜。即細切的生魚片，是周代宮廷常用的菜餚，亦是貴族食單中的主菜之一。魚膾的製法就是將活魚宰殺治淨後，切成若干大塊，再分別切成薄片或細粒，裝入盛器，用芥醬調味蘸而食之。周代曾長期盛行食魚膾。所謂膾，據《禮記・少儀》載：「牛與羊魚之腥，聶而切之為膾……聶而切之者，謂先聶為大臠（肉塊），而復細切之為膾也。」對魚膾的用料和製法，周代亦比較講究。《禮記・內則》載「芥醬魚膾」：「膾，春用蔥，秋用芥。」就是說，製作魚膾時，必須用芥醬作調味，春天製作膾用蔥，秋天用芥作配料。

宋代菜餚有一種名為「旋切魚膾」的菜，這是一種快速製作而成的生魚膾。宋孟元老《東京夢華錄》卷七〈池苑內縱人關撲遊戲〉：「池上飲食……旋切魚膾……」金明池，每年三月初一開放，苑內不僅有諸般藝人作場，還有許多垂釣之士，他們得魚後便高價賣給遊客。「臨水斫膾，以薦芳樽。」因為魚膾用的魚是現釣現做現吃，妙趣橫生，所以做「旋切魚膾」被當時遊客視為「一時之佳味」。

宋人詩文記載了諸多關於魚膾的文字。蘇軾在〈和蔣夔寄茶〉中寫下了：「金齏玉膾飯炊雪，海螯江柱初脫泉。」《大業拾遺記》有「金齏玉膾」的做法：八、九月下霜季節，選擇三尺以下的鱸魚，宰殺、治淨，取精肉細切成絲，用調味汁浸漬入味後，再用布裹起來擠淨水分，散置盤內。另取香柔花和葉，均切成細絲，放在魚膾盤內與魚膾拌勻即成。霜後鱸魚，肉白如雪，不腥。此菜「紫花碧葉，間以素膾，亦鮮潔可觀」，謂之「金齏玉膾」。陸游在〈幽居〉中盛讚「魚膾槎頭美，醅傾粥面渾」，還在〈雨中小酌〉中寫下「自摘金橙搗膾齏」，親手製作魚膾而食。皮日休寫有「唯有故人憐未替，欲封乾膾寄終南」，可見宋代還有乾膾。《夢粱錄》所記汴京酒肆經營的下酒食品中，有細抹生羊膾、香螺膾、二色膾、海鮮膾、鱸魚膾、鯉魚膾、鯽魚膾等。

梅堯臣以魚會友

梅堯臣不但以文會友，還以魚會友，與友朋分享魚肉是梅堯臣的一大快事。據葉夢得《避暑錄話》所記：「往時南饌未通，京師無有能斫膾者，以為珍味。梅聖俞家有老婢，獨能為之。歐陽文忠公、劉原父諸人，每思食膾，必提魚往過聖俞。聖俞得膾材必儲，以速諸人。」梅堯臣手裡一有好魚，必邀請客人分享美食。

歐陽修是文壇領袖，地位比梅堯臣高，按說該是梅堯臣去拜訪歐陽修才對，可是歐陽修卻經常到梅堯臣家做客。在北宋東京，只有到梅堯臣家才可以吃到正宗的魚膾。梅堯臣家中的這位廚娘三下五除二*就把活魚收拾乾淨，拿起刀開始活削生魚片，刀光過處，飛薄的魚肉雪片般落在盤中，須臾之間，僅剩魚骨在動。

梅堯臣曾作〈設膾示坐客〉以記之。這首詩也是宋代人吃生魚片的佐證，活靈活

---

*表示做事明快。

現地表現出他的日常生活景象：

汴河西引黄河枝，黄流未凍鯉魚肥。隨鉤出水賣都市，不惜百金持與歸。我家少婦磨寶刀，破鱗奮鬐如欲飛。蕭蕭雲葉落盤面，粟粟霜卜為縷衣。楚橙作虀香出屋，賓朋競至排入扉。呼兒便索沃腥酒，倒腸飫腹無相識。逡巡瓶竭上馬去，意氣不說西山薇。

日本史學家陳舜臣解讀這首詩說，蕭蕭落盤的雲葉無疑就是生魚片，切下白如霜的蘿蔔做為縷衣，這是生魚片的配菜。切下來的魚肉不是煮也不是烤，而是蘸著橙汁，再飲用沃腥酒，大家一起品嘗生魚片。吃到酒足飯飽，騎馬歸去。這樣的市井生活，自己已經心滿意足，洋洋自得。何必去談論西山采薇餓死的伯夷、叔齊呢？國家天下、仁義忠誠這樣的話題姑且放置一邊，還是過好每一天的生活吧！

可見，只要有美味的魚膾，哪管什麼皇帝啊？放下面具，好好享受一頓美食吧！人生是如此短暫！

斫膾是個技術活

孔子很講究飲食，他說要「食不厭精，膾不厭細」。可見，魚膾切得愈細愈好。唐代的《酉陽雜俎》記載：「進士段碩，常識南孝廉者，善斫膾，縠薄絲縷，輕可吹起。」把肉切得像絲綢一樣薄，像絲線一樣細。吹一口氣，能把肉絲吹起來。即使今天的特一級廚師，也難有如此高的技術。在古代要想做好魚膾，沒有過人的刀工是無法生存的。《夢溪筆談》中記載了一位廚師因為手藝不好險些喪命的事：「李璟使大將胡則守江州，江南國下，曹翰以兵圍之三年，城堅不可破。一日，則怒一饔人膾魚不精，欲殺之。其妻遽止之……」看來這位廚師是受到遷怒，因為刀工不佳被找到藉口。宋代廚師片魚的刀工有多好呢？蘇軾的一句詩中可以看出來：「運肘風生看斫膾，隨刀雪落驚飛縷。」斫膾需要高超的技藝，「出水獰將飛」的鮮魚，須臾之間「落刀細可織」（梅堯臣〈斫膾懷永叔〉），這不是件容易的事。

汪曾祺說，斫膾的魚不可洗，用一層紙隔住，以灰去血水。我以為古人不講衛生，後來在《齊民要術》中讀到「切膾不得洗，洗則膾溼」的敘述，才明白活魚不洗，簡單收拾之後，直接揮刀切割加上拌料即成。沒有鱗的魚不能做膾，必須要熟食之。

漂洋過海的宋代魚膾

如今，在開封很難吃到魚膾了，倒是經常可以吃到醬燜、紅燒、糖醋溜魚。在日本，島國倒是把生魚片做成了國字型大小招牌。豫菜裡面有一道菜叫「銀絲魚膾」，傳承了北宋魚膾的部分做法，以活鯉魚為主料，配以蘿蔔、生菜、香菜為輔料，經汆拌而成。客人自兌調料蘸食，此菜脆嫩、爽滑、味鮮。工藝變化很大，古代不洗魚，這道菜得水洗，切成細絲的魚肉用開水燙過，急速撈出，放入晾涼的開水漂洗乾淨，瀝去水分，再輔以配菜上桌。宋朝的做法已經傳到東南沿海了，隨著大宋南遷，廚師和技藝都遷移了。

一九八五年，開封仿製宋菜「旋切魚膾」，其製法是用五斤以上的螺螄青魚取純肉切絲，配以香菜、韭黃、生菜分別擺裝入盤，再將薑汁、蘿蔔汁、香醋、胡椒粉、榆仁醬、鹽、少許糖摻在一起成汁，蘸著吃即可。感覺還是缺少宋菜的神韻，與「銀絲魚膾」大同小異，只是工藝接近宋代而已。真想看到梅堯臣家的廚娘揮刀斫膾的情景在開封重演，我願備上好的黃河鯉魚，靜待高手製作，好讓味蕾穿越千年，像歐陽修、梅堯臣一樣品味開封魚膾。

杭幫菜中的開封風味

帶幾個朋友去吃一家行杭幫菜，服務人員推薦了一道特色菜——外婆家的疙瘩湯，品嘗之後大家都覺得很好，說是吃出了小時候的味道。咱是中原開封，人家是南方菜系，怎麼會有似曾相識的味道呢？憑良心說，我認為那盆湯和母親做的「根搭菜*湯」有些相似。不過人家這菜名說得也對，「外婆家的疙瘩湯」，對於杭州而言，開封不就是南遷宋人的「外婆家」嗎？在異鄉的開封人，依舊說著開封話，念著開封味。學者把杭州稱作中原在江南的語言飛地，依據是杭州話中突兀的兒化音。「總有一種味道，以其獨有的方式，每天三次，在舌尖上提醒著我們，認清明天的去向，不忘昨日的來處。無論腳步走多遠，在人的腦海中，只有故鄉的味道熟悉而頑固。它就像一個味覺定位系統，一頭鎖定了千里之外的異地，另一頭則永遠牽絆著，記憶深處的故鄉。」（《舌尖上的中國2》）在杭州城，一碗片兒川是北派麵食習慣的延續，

＊一種青菜名。

麵的澆頭主要由雪菜、筍片、瘦肉絲組成，鮮美可口。

故鄉滋味最難忘

我一直無法想像南渡的開封人在江南如何度過思鄉之痛，月圓之夜的錢塘江潮來潮往，北望中原的臣民是否抑制住悵望東京城那汪已望穿的秋水。我想起二十多年前畢業初期曾到江浙一帶求職，魚米之鄉的豐腴美食我很不習慣，那段日子我想念的是母親的手擀麵，厭倦天天米飯。我僅南下二周，而不是二年甚至更長時間，就很不適應了。多年之後，閱讀《東京夢華錄》、《夢粱錄》等書常常掩卷沉思，他們要經歷多少故鄉食物記憶的折磨而華髮早生啊！

在南宋杭州，都城食店多是效學舊京開封人開張。「舊京工伎，固多奇妙。即烹煮盤案，亦復擅名。如王樓梅花包子、曹婆肉餅、薛家羊飯、梅家鵝鴨、徐家瓠羹、鄭家油餅、王家乳酪……皆聲稱於時。若南遷湖上，魚羹宋五嫂、羊肉李七兒、奶房王家、血肚羹宋小巴之類，皆當行不數者也。」（《楓窗小牘》）南遷的開封人不僅在臨安開設酒樓、茶肆、食店，還把中原的烹飪技藝帶到江南。寓居江南的開封人，滿腦子裡想的都是收復失地、重返故鄉，滿肚子裡盤算的都是故鄉哪種食物最好吃，哪家食店最美味。《都城紀勝》裡記臨安食店時說：「其餘店鋪夜市，不可細數。如豬胰胡餅，自中興以來只有東京臟三家一分，每夜在太平坊巷口，近來又或有效之者。」據《夢粱錄》卷十八〈民俗〉記載：「杭城風俗，凡百貨賣飲食之人，多是裝飾車蓋擔兒，盤合器皿新潔精巧，以炫耀人耳目，蓋效學汴京氣象，及因高宗南渡後，常宣喚買市，所以不敢苟簡，食味亦不敢草率也。」

宋高宗禪位於孝宗之後，退居德壽宮，常常以汴京傳統菜餚招待前來慰問的孝宗和舊臣。淳熙五年（一一七八年）二月初一，孝宗親自到德壽宮問安太上皇，趙構就派內侍到民間飲食市場上去買汴京人製作的菜餚，中有李婆雜菜羹、賀四酪麵、藏三豬胰胡餅、戈家甜食等。宴會時，高宗還特別對客人說明：「此皆京師舊人」名菜。如遇傳統節日，宮廷也常常「宣喚」市食，吃汴京風味的點心。

臨安的大茶坊都張掛名人書畫，在開封只有熟食店掛畫，「今茶坊皆然。」（《都城紀勝》）周煇在《清波別志》卷二中十分感慨地說道：「煇幼小時見人說，京師人家日供常膳，未識下箸食味，非取於市不屬饜。自過江來，或有思京饌者，命仿效製造，終不如意。今臨安所貨節物，皆用東都遺風，名色自若，而日趨苟簡，圖易售也。」

即使是那些賣零食糖果的走街小販，也精明地追逐時尚，連賣糖的也效仿開封過去產品的模樣。那些曾被皇帝品嘗過其食品的商人更是洋洋自得，連在叫賣聲音上也變成了開封口音：「更有瑜石車子賣糖糜乳糕澆，亦俱曾經宣喚，皆效京師叫聲。」（《夢粱錄》卷十三〈夜市〉）就連早上「買賣細色異品菜蔬」的小商販也是「填塞街市，吟叫百端，如汴京氣象，殊可人意」。他們叫賣的聲音都是開封味。

在當時的杭州街頭，隨處可以看到開封人開的飯店，「是時尚有京師流寓經紀人，市店遭遇者，如李婆婆羹……」南渡之前，在北宋京城就有了南食麵店、川茶分店，「以備江南往來士夫」，而在南宋的臨安，竟然有專門的麵食店，門口也是五彩裝飾的「歡門」，有的店專門賣各種麵和餛飩，更有葷素從食店還賣四色饅頭、細餡大包子、生餡饅頭、菊花餅等諸色點心。中原人偏安江南，北方的麵食隨之也「入侵」江浙。最可笑的是，北宋時期由於開封風塵大，人們在吃籠餅、蒸餅時有去皮的習慣，到了南宋臨安，這裡的市民依舊依照葫蘆畫瓢，仿效北方人去皮而食。

杭幫菜就是「南料北烹」

在杭州，我們可以找到開封的味道。西湖醋魚，又叫「叔嫂傳珍」，一向為人們稱道，被認為是遊覽兩湖時必吃菜餚。相傳在南宋時，杭州西湖畔有姓宋的兄弟倆，哥哥已成家，以捕魚為生，供弟弟讀書。一天，賢淑美麗的嫂嫂受到當地惡霸調戲，宋家大哥前去理論，不料卻被惡霸活活打死。為了報仇，叔嫂一起到衙門喊冤告狀，告狀不成，反遭毒打。他們回家後，嫂嫂只有讓弟弟遠逃他鄉，叔嫂分手時，宋嫂特用糖、醋燒鯇魚一碗，對兄弟說：「這菜有酸有甜，望你有朝一日出人頭地，勿忘今日辛酸。」後來，宋弟抗金衛國，立了功勞，回到杭州懲辦了惡棍。但一直查找不到嫂嫂的下落，一次外出赴宴，他見席上有一道菜正是「醋熘魚」，便尋根刨底，原來烹製這道醋熘魚的廚娘正是宋嫂。後來，「醋熘魚」便隨著故事廣為流傳，成為杭州的一道傳統名菜。還有一故事說宋高宗閒遊西湖，吃了宋五嫂做的魚羹，竟然吃出了汴京味，勾起他的鄉情和對故國的懷念。暫且不去考證宋嫂和宋五嫂是不是一個人，他們把魚肉做成了鄉愁，這是食物的力量，抵擋不住漂泊在四方的腳步都朝向一個方向。

西湖醋魚是清水汆熟後放入調料，湯汁中加入白糖、溼澱粉和醋，用手勺推攪成濃汁，炒至滾沸起泡，起鍋澆於魚身即成。而開封的糖醋軟熘鯉魚焙面，重在「熘」，這個熘法是豫菜的拿手之技，他以開封為代表而獨步多年。此熘法以活汁聞名。所謂活汁，歷來兩解：一是熘魚之汁需達到泛出泡花的程度，稱作汁要烘活。二是取方言中「和」、「活」之諧音，是指糖、醋、油三物。甜、酸、鹹三味要在高溫下、攪拌中充分融合，各物、各味俱在，但均不出頭，你中有我、我中有你，不見油、不見糖、不見醋，甜中透酸、酸中微鹹。此汁使魚肉肥嫩爽口而不膩，魚肉食完而汁不盡，再上火回汁，下入精細的焙面，汁熱面酥，入口的感覺美妙。南北兩宋，兩種糖醋味的魚，做法不同，味道卻有異曲同工之妙。

《舌尖上的中國2》第五集〈相逢〉中說：「杭州小籠包拷貝的是古代開封的工藝，豬皮凍剁細，與餡料混合，皮凍遇熱化為汁水，這正是小籠包湯汁豐盈、口感濃郁的奧祕。」大宋南遷之後，開封的傳統烹飪技術、風味製作以方法隨之傳入臨安，很快被當地人所採用。杭幫菜就是融合了南下「京師人」所帶去的烹飪方法，採用了「南料北烹」的製作方式，既保留了江南魚米之鄉的特色和優勢，又滿足了南渡臣民北望中原的思鄉情節，把中國古代菜餚發展到了新的高峰。兩宋文化一脈相承，只是地域不同，多種文化再次交織、再次交融，「南渡以來，幾二百餘年，則水土既慣，飲食混淆，無南北之分矣」。（《夢粱錄》卷十六）我想，鄭徐高鐵開通了，湊個時間，隨時可在西湖小住時日，品味兩宋飲食文化的變遷和傳承。

蓮藕原來這麼好吃

金秋時節，秋風涼正是蟹黃香的時候，也是新鮮蓮藕上市之時。早年母親喜歡我做的一道菜——江米藕，就是把糯米植入蓮藕的孔中，小火蒸煮，熟後澆上蜜汁更可口。我女兒更喜歡吃她大舅調的蓮菜，刀工好，開水汆得正好，拌入薑絲、淋上小磨油和醋即可。母親說，這蓮菜過去在春節期間是很少吃的，不是吃不起，而是忌諱。正月初五以前，待客飯菜，均忌用藕。因藕有空心，俗稱為窟窿菜，認為主破財。民國的時候，開封商賈人家居多，岳父母大人當然不希望閨女、女婿家欠債塌窟窿，因而待女婿之席更忌藕。而在南宋的時候，皇帝似乎喜歡藕。據《養屙漫筆》載，宋隆興元年，高宗退位，孝宗繼位當朝。孝宗皇帝吃膩了山珍海味，又挖空心思吃湖蟹。因多食湖蟹，導致脘腹不適、腹痛腹瀉，御醫診治數日不效。高宗微服私訪，為孝宗尋醫找藥。有一天他在京城西北大街一藥店，看到人們爭相購藕。高宗不解，詢問藥師後才知可治痢疾。後召藥師入宮把脈叩診，診斷出孝宗此疾乃因食湖蟹，損傷脾胃，導致痢疾。建議服新採藕節汁，數日可康復。如此喝了幾天之後，孝宗果然康復。由此可見，藕是一道很好的食材。今天就說說開封幾道與藕有關的菜：琉璃藕、煎藕餅、蜜汁江米藕。

包拯用心良苦的政治謀略：琉璃藕

琉璃藕曾是宋代宮廷名菜，因它的形狀和色澤好像琉璃瓦，故名。據說它的出現和龍圖閣直學士包拯有關。包龍圖治理開封府的時候，見到城內有一條河水汙染嚴重，倒不是工業廢水汙染，而是皇親國戚依仗權勢，紛紛在河兩岸建立私家園林或臨水而居，拆除的瓦礫就倒在河內，當然還有排入生活汙水，更有人攔河闢出私家荷池藕榭。公共河流成為少數人的私人領地，兩岸居民心中暗暗叫苦，卻又無可奈何。包拯體恤民意後暗記心中，尋找時機得給皇帝彙報一聲。不久，恰好趕上仁宗皇帝壽慶，按慣例，各州府都要進貢土特產、名點佳餚，包拯也精心設計特製糖藕進貢。說來也巧，仁宗皇帝對陳列的貢品都看不上眼，唯獨喜歡糖藕。

包公趁機說：「食此藕可延年益壽。」最好在宮內闢池，引宮外河水栽荷，早晚可取鮮藕製作，「此藕特別鮮潔，與池泥有關」。仁宗認為包拯言之有理，於是下詔：疏浚河道、挖池栽荷之事由包拯去辦。包拯嚴令兩岸人等不得再倒垃圾和雜物，又將皇親國戚私造的荷花池的池泥挖出，搬進宮中荷花池，並發動人們清理河道。數月後，一泓清水流過千家萬戶門前，再流向宮內荷花池。這樣，不但市容環境整潔，皇宮裡還栽植了蓮藕。

當年，包拯進獻給仁宗糖藕，既合己心，又做了合乎民意的事。後來，此藕饌被仁宗皇帝賜名「琉璃藕」，這道菜做法簡單，很快便從宮廷名菜傳到民間。如今人們吃到的同名菜餚，在工藝上已經比當年的「琉璃藕」有了發展與提高。做的時候將河藕洗淨去皮，切成瓦狀，油炸冷卻後，塗一層稀稀的蜂蜜即可。如用精鹽、花椒、味精調味，又能製成「椒鹽琉璃藕」。經過包拯的包裝，琉璃藕就成了一道著名的菜餚了。

豫菜名菜：煎藕餅和蜜汁江米藕

煎藕餅是開封獨有的傳統名饌。以鮮藕為主料，肥膘肉、江米粉、豆沙餡等為配料，以熟豬油煎製而成。特點是色澤柿黃、外皮酥脆、裡面柔軟香甜。早在二十世紀三〇年代已聞名，是開封市民樂亭飯莊的看家菜，特級廚師高壽春製作此菜最絕。孫世增先生在《中國烹飪百科全書》中記錄了此菜的製作要領：鮮藕七百五十克淘洗乾淨，切去藕節，削淨藕皮，刨成細茸剁碎，以稀布擠出部分水分。肥膘肉一百五十克絞成細泥，同江米粉一百克、藕茸放在一起攪拌成糊；把豆沙泥二百克分成十八個餡心，用藕糊包成十八個圓餅（直徑二～二．五公分、厚一．五～二公分）。鍋內放入熟豬油一百克，燒至三成熱時放進藕餅（裡面七個，周邊十一個），用文火煎製；將兩面煎成黃色，盛入盤內，灑上白糖即可食用。吃起來外皮酥脆、裡面柔軟香甜，並有散瘀、解毒、醒酲、開胃、療腹瀉之功效，實屬老幼適宜的佳品。煎藕餅原為民間風味菜，經歷代廚師不斷改進，成為開封菜中的一味傳統名品。

當年，我給母親做的糯米藕在《齊民要術》中找到了淵源，古代的蒸藕選用浸淫的稻草和稻糠，將藕的表面擦乾淨，削去藕節，用蜂蜜灌至藕孔裡，將酥油和麵粉調和封下頭，蒸熟，除麵，倒去蜜切成片就可以吃了。冬天用熟的，夏天用生的。《武林舊事》中記載有「生熟灌藕」，該是這樣的作法吧。

開封有一道甜菜叫蜜汁江米藕，原名「熟灌藕」，是歷史悠久的傳統甜菜。據傳「熟灌藕」始於元代，以蓮藕為主料，配以蜂蜜、澱粉、麝香少許灌入，煮製而成。元代《居家比用事類全集》記載了這道菜的做法：將蓮藕從大頭切開使孔眼露出，用絕好的真粉加蜂蜜、少許麝香調勻成稀汁，從蓮藕孔中灌滿，再用油紙將蓮藕包起來，入鍋中煮熟，撈出去掉油紙，將藕切成片，趁熱裝盤上席。後經歷代廚師不斷改進，成為蜜汁江米藕。此菜選用白蓮藕，經煮、釀、蒸、蜜炙而成。成菜軟綿香甜，為宴席之名饌。

據《本草綱目》載：「藕有主熱渴、散淤血、解蟹毒、醒酒開胃、治頑痢、腹瀉之功效，久食令人心歡意暢。」藕之質地潔白嫩脆，食法頗多，可拌、炒、蒸、燉、乾炸、蜜炙，它生於汙泥而不染，潔白自若，質柔而堅實，居下而有節，孔竅玲瓏，絲絲內隱，既是美味，又是良藥。

三、宋朝這個時間吃什麼？怎麼吃？

北宋先茶後湯的待客食俗

看宋人飲茶，感覺很好玩，他們不但鬥茶，還在飲茶之後上一道湯。就像今天我們在宴席上，最後總要上湯一樣。我們老家辦宴席，經典保留菜單最後必上一碗雞蛋湯，酸、辣、鹹，人曰「三狠湯」，又稱「滾蛋湯」，意思就是喝過這道湯之後就可以說「拜拜」，再沒有菜餚上席，可以一抹嘴安全撤退了。我不知道飲食上的最後一道湯是不是與北宋先茶後湯有關係，在北宋，也僅僅是北宋，湯上來之後預示著將要閃人了。

北宋上的什麼湯？

民間有這樣的茶療諺語：「投茶有序，先茶後湯。」酒後茶解毒，飯後茶消食，午後茶助精神。熱茶提神解倦，淡茶溫飲則宜，清香宜人。唐朝陳藏器《本草拾遺》記載：「止渴除疫，貴哉茶也……諸藥為各病之藥，茶為百病之藥。」湯飲在北宋風行一時，時人往往將其與茶合稱為「茶湯」，「先茶後湯」仍是北宋特有的待客食俗。明代始創了三投法。「先茶後湯，日下投；湯半下茶，復以湯滿，日中投；先湯後茶，日上投。春秋中投，夏上投，冬下投。」（張源《茶錄》）雖然延續了北宋的待客方法，卻已經大相徑庭。明代傳承的僅有湯飲，烹茶方法已經大為改觀，與宋代不同，不復舊時模樣了。

那麼，北宋待客的事實上是什麼湯呢？有人問是不是胡辣湯*，抱歉那個時候還沒有胡辣湯。這裡說的湯，指的是宋代一直很流行的湯藥。湯在北宋是一種重要的飲料，宋代經常茶、湯並提。朱彧《萍洲可談》卷一記載：「今世俗客到則啜茶，去則啜湯。湯取藥材甘香者屑之，或溫或涼，未有不用甘草者，此俗遍天下。」按照朱彧的記載，當時北宋的湯主要是以甘草等藥材和香料為主要原料熬煮的保健飲料。蘇頌《本草圖經》卷四說：「今甘草有數種，以堅實斷理者為佳，其輕虛縱橫及細切韌者不堪，惟貨湯家用之。」甘草入湯，在宋代官府設立的藥局「太平惠民局」的成藥處方本——《太平惠民和濟局方》一書中可以得到佐證，該書卷十，附有〈諸湯〉一節，其中列有十六種湯方：豆蔻湯、木香湯、桂花湯、破氣湯、玉真湯、薄荷湯、紫蘇湯、棗湯、二宜湯、厚朴湯、五味湯、仙術湯、杏霜湯、生薑湯、益智湯、茴香

＊中國河南的特色湯品。

湯。這十六種湯方正如朱彧所稱「未有不用甘草者」，每一湯方的成分中都有甘草。這些湯方中含有養生的餘韻，其中的「厚朴湯」，曾經是宋朝文德殿吏卒用以招待朝士的湯品。北宋文德殿是百官朝會之所，宰相奏事之後，就來此押班，每每要在此待到日暮，這裡的吏卒常以厚朴湯給朝士消渴解乏。《水滸傳》第十六回載：「看你不道得舍施了茶湯，便又救了我們熱渴。」可見茶湯有解渴之妙。

《事林廣記》別集卷七〈諸品湯〉就列了十餘種湯品：乾木瓜湯、縮砂湯、無塵湯、荔枝湯、木犀湯、香蘇湯、橙湯、桂花湯、溼木瓜湯、烏梅湯等。此外還有橘湯、暗香湯、天香湯、茉莉湯、柏葉湯、綠豆粉山藥湯、薑湯、薑橘皮湯、杏湯等。還有其他養生的湯品，如宋代山西一帶人們喜飲長松參甘草、山藥做成的湯，以及黃庭堅在詩中提及的「橙曲蓮子湯」、「橘紅湯」。至於「橘紅湯」的做法，宋代方勺《泊宅編》有如下的記載：「橘皮去穰，取紅一斤，甘草、鹽各四兩，水五碗，慢火煮乾，焙搗為末點服。又古方，以橘紅四兩、炙甘草一兩，為末湯點，名曰『二賢散』」。這種湯被認為治痰特別有效。

宋代有個詞人叫張炎，寫了一首〈踏莎行．詠湯〉：「瑤草收香，琪花采汞。冰輪碾處芳塵動。竹爐湯暖火初紅，玉纖調罷歌聲送。麾去茶經，襲藏酒頌。一杯清味佳賓共。從來採藥得長生，藍橋休被瓊漿弄。」這廝說茶湯收取了瑤草的香氣，採取了仙境中的玉樹之花，做茶湯先用藥碾子把花朵碾碎。把花朵、藥材等熬成熱氣騰騰的湯藥，唱著歌，用纖纖雙手送過來。用一杯清香的湯和賓客共飲，甚至到了月宮裡，都不覺得瓊漿玉液有多麼好了。

在宋朝，待客用茶湯已經成為了一種時尚，送客出門時端上一杯，就像現在塞給人一罐飲料一樣平常。

宋人茶湯原來是送客

仁宗皇帝在宮內講讀時，「宣坐賜茶，就南壁下以次坐，復以次起講讀。又宣坐賜湯，其禮數甚伏渥，雖執政大臣亦莫得與也。」（參閱北宋范鎮《東齋記事》）皇帝老師的地位很高，待遇比一般執政大臣還要優越。皇帝「賜湯」的作派紛紛為文人士大夫仿效，先茶後湯的習俗迅速蔓延開來。據晁以道《晁氏客語》載：范純夫每當「進講」這天的前夕，往往要在家中預講，從弟子皆來聽講，講畢「煮湯而退」。

宋無名氏《南窗紀談》云：「客至則設茶，去則設湯，不知起於何時。上自官府，下至閭里，莫之或廢。有武臣楊應誠獨曰：『客至設湯，是飲人以藥也。』故其家每客至，多以蜜漬、橙、木瓜之類為湯飲客。」

風俗總是在變，北宋的先茶後湯，後世漸漸移風易俗。南宋袁文《甕牖閒評》卷六云：「古人客來點茶，茶罷點湯，此常禮也。近世則不然，客至點茶與湯，客主皆虛盞，已極好笑。而公廳之上，主人則有少湯，客邊儘是空盞，本欲行禮而反失禮，此猶可笑者也。」到了南宋，待客先茶後湯的習俗已漸消失。不過在鄰里之間、市井街市、寺廟齋會仍有茶湯。

從《東京夢華錄》到《夢粱錄》，兩冊南宋人寫的開封和杭州記憶，我們依然可以看到茶湯的傳承與演變。《東京夢華錄》卷五〈民俗〉說：「或有從外新來，鄰左居住，擇相借措動使，獻遺湯茶，指引買賣之類。」《夢粱錄》：「或有新搬來居止之人，則鄰人爭借動事，遺獻湯茶……則見睦鄰之義。」《東京夢華錄》卷三〈天曉諸人入市〉載有賣煎點湯茶藥的，直到天明。南宋杭州城「四時賣奇茶異湯，冬月添賣七寶擂茶、饊子、蔥茶，或賣鹽豉湯；暑天添賣雪泡、梅花酒，或縮脾飲暑藥之屬……更有城東城北善友道者，建茶湯會，遇諸山寺院建會設齋，又神聖誕日，助緣設茶湯供眾。」（《夢粱錄》）來到南宋，茶湯已經成為寺廟齋會的重要道具之一了。

無論形式怎麼嬗變，湯仍然是待客的飲料之一。甚至到了元代還流行飲用，從阿拉伯傳來的「舍里別」湯，也譯成「渴水」，《居家必用事類全集》已集稱「渴水番名攝里白」，亦是「舍里別」的另一異譯。舍里別是「皆取時果之液，煎熬如湯而飲之」。可知是果汁飲料。元雜劇《凍蘇秦》描寫蘇秦落魄後去見丞相張儀，侍從張千一說點湯，蘇秦便說：「點湯是逐客，我則索起身。」一如我們在明清古裝電視劇中所看到的那樣，主人一端茶，管家見機行事拉長聲音吟唱「送——客——」。只不過，先茶後湯的待客之禮只有在北宋我們才可以體驗到，就算是到了北方的遼國，風俗還是不一樣，遼代是先湯後茶，在《遼史》卷五十一〈禮志三〉：「宋使見皇太后儀……贊各就坐，行湯、行茶。」正好與北宋先茶後湯的順序相反。

《清明上河圖》中的開封飲食

我對《清明上河圖》的記憶是一九九五年年初，因為報考專業，要到小南門裡的三職高院內的高招辦報名，當時年輕，與同學建軍相約騎自行車到開封，從高陽到開封五十公里的路程，我們清早出發，上午八點多的時候已經到了開封近郊。當年的道路上有不少柳樹，因為經歷了冬天的肅殺，初春時節遲遲沒有吐出新綠，但是，那些柳枝，那些像舞女腰身的柳樹卻一下子打動了我，這不就是《清明上河圖》中的柳樹嗎？枝條下垂，隨風擺動，樹幹造型各異，十分入眼。我知道，我們的目的地就是這副傳世名畫的誕生地，近千年之後，依然在名畫的故鄉領略到路邊楊柳的風姿和神韻。那已經不是一般的楊柳，而是有著宋韻異彩的精靈，也許正是這一次的直觀感受，徹底征服了我少年的心。

北宋舊都，東京夢華猶在，萬千繁華尚存。後來，廝混於這座城池，把異鄉當成了故鄉，曾經按圖索驥，尋找舌尖上的舊夢。歲月可以嬗變，但是味道不變，在開封，我找到了《清明上河圖》中飲食的遺存和舊韻。食物有時候會隨著年代改變，但是鄉愁卻無法抹去。在開封，也只有在開封，才可以找到繁華宋都的溫婉記憶。

孫羊正店不賣羊肉

沒有一座城像開封這樣，彙集天下美食，無論是高級飯店還是市井風味，皆可滿足不同層次的客戶需求。《清明上河圖》中有一家「孫羊正店」，日本人寫的一本關於《清明上河圖》的書解釋說是姓孫的賣羊肉的店，僅從字面上理解，實則錯矣。在北宋，羊和馬都是軍需用品，市場不可隨意交易。往往用毛驢和黃牛代替，北宋是典型的民富國窮，尤其皇帝趙匡胤一開國，就奠定了重文輕武的基本國策。北方虎視眈眈的遊牧民族，對「三秋桂子，十里荷花」的中原早就垂涎欲滴，於是趙宋朝廷不得不加緊對戰備物資的控制，馬和羊即名列其中。馬匹是必不可少的交通工具；羊皮則要製作營帳、軍服。遼國在與宋互市時，馬與羊不許出境。在北宋也只有宮廷貴族才可以吃到羊肉，那個時候羊肉屬於高級食材，民間偶爾只有羊下水在市場出現。講到此處，諸位就會明白了「孫羊正店」賣的不是羊，這家店的老闆姓孫名字叫羊。正店就是可以批發酒的大店，屬於高級酒樓，當然也經營食品。

開封酒店很多，許多地方「多是酒家所占」。孟元老說，在京正店七十二戶。此外不能遍數，其餘皆謂之腳店。在七十二家大酒店中有許多酒店非常著名，如曲院街街南的「遇仙酒樓」。該酒樓後有戲臺，故人們把這座酒樓稱為「臺上」，因遇仙酒樓名氣大，時有「最是酒店上戶」之譽。正店門首紮設彩樓歡門，夜晚燈燭輝煌。《清明上河圖》中繪有彩樓歡門達七處，其中六處為酒樓。孫羊正店的彩樓歡門高達兩層，裝潢華麗，氣勢非凡。酒樓裡面裝修也令人耳目一新。如礬樓（豐樂樓）在宣和年間被裝修為三層樓高，並由相向的五座樓組成，樓與樓之間有「飛橋欄檻，明暗相通」。各樓有珠簾繡額，燈燭晃耀，十分雅觀。甚至一些「腳店」的門面也是搭有彩樓，裝飾得十分醒目。有的正店還在門首排設權子及梔子燈等標誌物，對此吳自牧《夢粱錄》卷十六〈酒肆〉中解釋道：「酒肆門首，排設權子及梔子燈等，蓋因五代時郭高祖遊幸汴京，茶樓酒肆俱如此裝飾，故至今店家仿效成俗也。」韓順發先生研究《清明上河圖》，發現孫羊正店大門外簷下懸掛著四具狀如梔子果實的裝飾，他認為這就是梔子燈。「這四具梔子燈中有一燈裝飾別致，引人注目，這個別具一格的梔子燈是孫羊正店的祕密標記，向顧客暗示店內藏有娼妓就陪。」

正店有權釀酒，從政府那裡購買酒麴。下面的腳店沒有釀酒權，也不能採購酒麴。他們零售給顧客的酒是從正店批發來的。如白礬樓酒每天有腳店三千戶在該店取酒沽賣。有三千戶中小酒店到白礬樓來批發酒，整個東京中小酒店的數目可想而知。在北宋，正店都釀有自己的名酒，如白礬樓的眉壽與和旨、遇仙樓的玉液、仁和樓的瓊漿、任店的仙醒、高陽店的流霞等。這些店肆名酒足以與宮廷大內的御酒相媲美。在北宋時期，宗室、皇親國戚和品官才有資格買曲釀酒，但所釀之酒只能供自家飲用，不得沽賣。

所以說孫羊正店是一家高級酒樓，酒樓餐具雅潔、菜蔬點心種類眾多，但是價格昂貴，相當於現在的五星級飯店消費一樣。一次孟元老和幾位酒肉朋友進正店對飲，人雖然不多，店家照樣則用一等琉璃淺棱碗，一頓下來，不管吃與不吃，就要花銀錢近百兩。正店之外，還有許多小酒店，賣些煎魚、鴨子之類家常下酒菜「每份不過十五錢」，十分便宜。

《清明上河圖》中「十千腳店」的酒是從正店批發來的，「十千腳店」大門兩旁的外簷柱上釘掛有兩個長方形的突出牌子，左方書「天之」，右方寫「美祿」。其實賣的就是名叫「天之美祿」的酒，這是店主向顧客傳達本店的酒味美醇厚。

市井飲食文化在宋代達到高峰

我的家鄉過去清明節祭奠先人或過周年奠供的時候，重要的親戚會擺放麵做的小鵝或飛燕，再用柏枝裝飾一下，十分搶手。我說的搶手是每每奠供之後，看客常以迅雷不及掩耳之勢搶走這些動物造型的供品。大家十分喜歡這些可愛的「小動物」，孩子們到手後常常捨不得吃，把玩數日。後來在《清明上河圖》中找到了這種食品的淵源，在虹橋的食品攤上以及孫羊正店附近的食品攤子上都有類似的食品，一種三角形的食品。查閱《東京夢華錄》，在卷七發現了這樣的記載：寒食前一日謂之「炊熟」，用麵造棗餾飛燕，柳條串之，插於門楣，謂之「子推燕」。「棗餾飛燕」是宋代清明節時盛行的節令食品。清明節前，北宋的街市上所賣的稠餳、麥糕、乳餅等現成的食品之外，這種自製的燕子形麵食，稱為「棗餾飛燕」，據說是從前用來祭拜介子推的祭品。《事物紀原》裡介紹說，製作這種食品時先把麵團做成蒸餅的樣子，再用麵片把棗包好，類似於現在的棗糕食品，只不過沒有經過油炸，形狀不同而已。

《清明上河圖》中繪有上書「新酒」或「小酒」的酒旗。臨河一酒家的酒旗上有「新酒」字樣。北宋時，酒肆放下酒旗意味著酒已賣完，不再營業。《東京夢華錄》卷八〈中秋〉載：「中秋節前，諸店皆賣新酒……市人爭飲，至午未間，家家無酒，拽下望子。」

在《清明上河圖》中，十字路口有茶鋪。圖中茶坊酒肆生意興隆，一家緊鄰一家，有的桌上還擺放著茶碗，人們一邊喝茶，一邊親切地交談，而茶館邊的馬路上也是人來人往，一片繁忙的景象。飲茶的大眾化，始於中唐，到了宋代，飲茶之習開始全國盛行。《宋史》記載：「茶為人用，與鹽鐵均。」茶稅收入，逐年增加，到了徽宗政和年間，已經超過唐代中期茶稅的三十倍了。宋人好茶，茶坊酒肆遍布城鄉。而其間侍應者，皆有「茶博士」或「酒博士」之稱。悠閒安逸和繁華的城市生活盡收眼底。無論民國還是當代開封，悠閒品茗依舊是古城的風尚。慢生活，不但影響了飲食的品質，還養成了帝都的休閒文化。

《清明上河圖》中還有一種食品叫「果子」。《東京夢華錄》卷二有〈飲食果子〉一節。北宋東京市民對果子需求的增多促成了果子販隊伍的發展。東京熱鬧的夜市中，往往到午夜還能夠聽到果販的叫賣聲。主要賣的果子有：水晶皂、生醃水木瓜、藥木瓜、甘草冰雪涼水、荔枝膏、廣芥瓜、杏片、梅子薑、芥辣瓜旋、細料餶飿、香糖果子、間道糖荔枝、越梅、離刀紫蘇膏、金絲黨梅、香棖元等。四月八日浴佛節這天，「唯州南清風樓最宜夏飲，初嘗青杏，乍薦櫻桃，時得佳賓，觥酬交作。是月茄瓠初出上市，東華門爭先供進，一對可直三、五十千者。時果則御桃、李子、金杏、林檎之類。」平日，有的攤販去酒肆推銷「果實、蘿蔔之類」和各色乾果，不管顧客買與不買，「散與坐客，然後得錢」。現在的夜市，只要往那裡一坐，立刻就有商販過來推薦食物。由此看來，宋人更會做生意，先把東西送來，先嘗後買，不買也不傷和氣。

「果子」除了水果之外，還有糕點的意思。至今豫東地區春節走親戚都要掂幾斤「果子」，這是一種點心，將麵角或麵塊油炸之後，掛上糖稀、沾上白糖所製成。有的地方把糖果叫做糖果子，我們常吃的煎餅果子，其實就是煎餅裡面裹著「麻葉」。宋之前沒有果子這個詞，果子是生果、乾果、涼果、蜜餞、餅食的總稱。

果子誘人，飲子更是招人喜歡。飲子與一般湯藥是不同的，它並不一定在藥店或醫家出賣，而有專門做飲子生意的人或店鋪。《清明上河圖》中就畫有幾處賣飲子的攤點。據學者周寶珠研究，賣飲子的攤點一處在圖中虹橋下端臨街的房前，有兩把大遮陽傘，其中一個傘沿下掛著一個小長方形牌子，牌上寫著「飲子」兩個字。傘下坐著一個賣飲子的生意人，身邊放著可以手提的盒子，可能是盛飲子用的，他的手裡拿著一個圓杯形的器皿，正在將這個杯子遞給顧客；而那個買飲子的人則身上穿著短袖衣服，一手扶著挑擔，一手伸過去，接那杯遞過來盛飲子的杯子。另一處在城內掛著「久住王員外家」的豎牌旁邊，有兩把遮陽傘，一傘下掛著「飲子」招牌，一傘沿下掛「香飲子」。賣「香飲子」的人坐在傘下，旁邊擺著盛飲子的容器，一個買了飲子的顧客，正拿了碗在那兒喝。從這兩處畫面看來，至少在北宋東京城，賣飲子是一項很重要的生意，飲子是市民生活中很受歡迎的一種藥物性質的飲料。在宋代，茶水店出售各種「飲子」為夏日解暑飲料很是普遍。

除此之外，北宋東京還有各色飲品的經營，如：豆兒水、鹿梨漿、紫蘇飲等。最值一提的就是所售的涼品，夏日六伏天時「當街列床凳堆垛冰雪，惟舊宋門外兩家最盛」，所賣的食品全是涼食，如「冰雪冷元子、生淹水木瓜、甘草冰雪涼水、荔枝膏」等，口味甘甜，清涼解暑。這些飲品極大地擴展了飲食的範圍，更豐富了人們的日常生活。

宋代飲食業的繁榮並不局限在有權階層，甚至有宮廷飲食取於宮外的記載，《邵氏聞見後錄》載，宋仁宗賜宴群臣時，也從東京的飲食店裡採買佳餚。這種不分階層的飲食文化促進了宋代市井階層的發展，使得市井飲食文化在宋代達到高峰。宋之後的飲食文化繼承了宋的傳統，流傳並發展至今，在開封的飲食中依舊可以找到北宋時的蹤影。

張擇端筆下的北宋飯店

北宋之前吃飯是沒有桌椅的，都是坐著吃，席地而坐，到來北宋，吃飯才有了尊嚴，坐在桌子前吃飯避免了褲襠走光的危險。《清明上河圖》中一共畫有兩把交椅：一是城門邊的店鋪中，一掌櫃模樣的人坐於交椅上，一手伏在桌子上，一手在展開桌面的紙上寫著什麼；另一是藥鋪「趙太丞家」店中放了一把空交椅。這兩把交椅均結構簡潔，沒有裝飾，椅子座面下都設有交足，有橫向靠背和出頭曲搭腦，趙太丞家的空交椅搭腦造型，還是宋、元時期椅子搭腦上流行的「牛頭形」。畫中一招牌寫著「劉家上色沉檀楝香」的店鋪中擺放了一張可供二人並坐的帶靠背和出頭平搭腦的椅子。這可能是迄今能看到最早的雙人連椅圖像，顯示了宋代家具製作者的創新能力。椅子的座面下還設有荷包牙板，前後腿間均有棖，前腿間的棖下也設有荷包牙板，顯得比其他家具精緻。

北宋時，楊億在《談苑》中說：「咸平、景德中，主家造檀香卓倚一副。」「卓」有卓立的意思，後人把它改為「桌」；「倚」有倚靠的意思，後人又把它改為

「椅」。《清明上河圖》中桌子和條凳在市井中已成為常見事物，然而鑑於其中高座家具的典型代表——椅子的數量屈指可數，說明當時椅子在民間還不是很普及。

宋代開封的高級酒樓流行「看菜」，估計後世「看菜下酒」一詞就與此有關係。開封的酒樓注意菜品的觀賞性，給顧客提供了額外的增值服務，比如：「初坐定，酒家人先下看菜，問酒多寡，然後別換好菜蔬。有一等外郡士夫未曾諳識者，便下吃，被酒家人哂笑。」「看菜」是不允許吃的，僅做觀賞用的工藝菜品，不懂的人如果食用了會遭人笑話的。當時在高級酒店常以這種菜餚來顯示廚師手藝精湛。

高級酒樓一般百姓消費不起，老百姓最喜歡的還是中小型飲食店，這是最有在地風情的。這些飲食店的店鋪規模雖然不大，但是卻遍布大街小巷，直接傳遞到市井前線，與顧客有最廣泛的接觸，所提供的食物價廉物美，口味眾多，能滿足各階層百姓的需求，宋人稱其為分茶店、麵食店、酒肆等。開封當有許多「食店」，主要經營頭羹、白肉、胡餅、生軟羊麵、冷淘、棋子、寄爐麵飯之類飯食。客人一進食店，就有一侍者手持菜單，溫和地問顧客，客人可以隨意挑選，或熱或冷，或溫或整，或絕冷、精燒之類。選定之後，侍者高聲唱菜，報予掌勺廚師，不一會兒「行菜者左手杈三碗、右臂自手至肩，馱迭約二十碗，散下盡合各人呼索，不容差錯。一有差錯，坐客白之主人，必加叱罵，或罰工價，甚者逐之」。可見那個時候不用托盤，直接就是胳膊托著，行菜者像玩雜技一樣，在店中走菜。

這些「食店」在店鋪裝飾上很講究，雅俗共賞，並且有一套為了吸引食客注意的獨特方法，廣開客源。「汴京熟食店，張掛名畫，所以勾引觀者，留連食客。」「其門首以枋木及花樣遝結，縛如山棚，上掛半邊豬羊。一帶近里門面窗牖，皆朱綠五彩裝飾，謂之歡門」，不但大型酒樓有「歡門」，中小食店照樣打扮得花枝招展，還把店中所售的東西掛起來，就像我的老家杞縣，至今在農村集市上，殺豬的直接把兩扇豬肉懸掛起來，誰要就割一塊，頗有北宋遺風。

食店之外，還有餛飩店和賣瓜、蘿蔔之類經濟小吃。也有素店，供食齋者食用。開封有許多餅店。餅店有兩種：油餅店、胡餅店。油餅店類蒸餅、糖餅、裝合、引盤之類。胡餅店賣門油、菊花餅、新鮮滿麻餅之類。有的餅店規模很大，如武成王廟前海州張家、皇建院前鄭家餅店。

與此同時，各地各民族的飲食也大量湧入開封。不少餐館還掛出「胡食」、「北食」、「南食」的招牌，以招攬客人。「胡食」主要指西北等地少數民族的餚饌，牛、羊料理居多；北食主要指黃河流域一帶的菜餚；「南食」主要指蘇杭、淮揚菜，還兼收福建、湖北、湖南等地的部分菜品，主要賣適合南方人口味的魚兜子、煎魚飯等。還有川飯店，主要賣巴蜀菜，也包含雲貴，有插肉麵、煎燠肉、生熟燒飯之類。

還有一種游擊式小飲食攤，他們的經營最為靈活，絲毫不遜色於現在占道經營的流動攤販。有的甚至就是一些浮棚遊販，他們或用簡易的車輛，載貨叫賣，「賣香茶異湯」，或架浮棚布帳進行買賣。柳永的詞中有一句這樣寫道：「都門帳飲無緒」，其實描繪的就是這樣的簡單飲食小攤。這類食店就像浮萍，因其簡單從而可以四處流動，在各個角落生根。至於最為簡易的頂盤架擔、提瓶賣茶的流動小販，其活動就更加自由，更是無處不在。

北宋東京的飲食業，徹底打破了坊市界線，飲食店遍布林立，飲食品種眾多，甜、鹹、乾、溼俱有。即便是皇宮東華門外，也成為繁榮的飲食市場。「東華門外，市井最盛，蓋禁中買賣在此。凡飲食、時新花果、魚蝦鼈蟹、鶉鳥脯臘、金玉珍玩衣著，無非天下之奇。」北宋東京，馬行街鋪席，「夜市直至三更盡，才五更又復開張。如要去鬧處，通曉不絕……冬月雖大風雪陰雨，亦有夜市」。北宋開封的夜市價格也較便宜，如包子類「每個不過十五文」。

跟著孟元老逛酒樓食店

如同女人喜歡逛商場一樣，男人喜歡逛酒樓，當然，在宋代還有青樓。「酒色財氣」、「食色性也」，孟元老也不例外，照例是吃遍東京城。在古代中國，沒有早、中、晚三餐，只有朝食和晡食，也就是一早一晚的意思。早上那頓叫「朝食」，晚上那頓叫「晡食」。宋朝生產力大大提高，百姓不說豐衣足食吧，起碼也不像宋朝之前那樣一天兩頓飯了。但是習慣難改，大多數人還是堅守一日兩餐。如果中午餓了怎麼辦？無非是吃些「點心」充饑而已。宋代的「點心」不像今天的糕點甜食，而是粟米飯、稻米飯、菜餚等。貧寒或勤儉之家可能用「白湯泡冷飯」當點心，像武松那種大塊頭的就需要「把二、三十個饅頭來做點心」。

豪華的宋代酒樓

東京的繁盛超乎想像，按照孟元老的記憶，東京城著名的大型酒樓就有七十二家，如白礬樓、清風樓、長慶樓、八仙樓等。當然這七十二家酒樓僅是正店，正店

「屋宇雄壯，門面開闊」，酒樓大門都用彩色綢緞裝飾成彩門，屋簷下掛著各式燈籠。排場大的酒樓，門口還豎有旗桿。上面彩旗招展，大書該酒樓的名號，遠遠望去，十分氣派。走進大門，有著幾百步長的走廊，走廊兩邊是天井，天井兩旁則是一間間廳堂，當時稱為「小閣子」。每間小閣子內放有幾張精緻的紅木桌椅，四周還有靠牆放著的太師椅、茶几，這是專為貴客飯前休息準備的。牆角放上幾盆別致的盆栽，牆上掛上幾幅名人字畫，更添幾分儒雅之氣。東角樓街的潘樓酒家、潘樓東街的任店酒樓，都是東京城裡等級很高的酒樓。

馬行街東的豐樂酒樓更是氣派，它由五幢三層的樓房組成，每幢樓之間都有飛橋、欄檻，明暗相通。樓面上珠簾繡額，燈燭晃耀，獨成一景，其氣派非同一般。《東京夢華錄》有這樣一段對白礬樓的描述：「白礬樓，後改為豐樂樓。宣和間更修三層相高。五樓相向，各有飛橋欄檻，明暗相通，珠簾繡額，燈燭晃耀。初開數日，每先到者賞金旗。過一兩夜則已，元夜則每一瓦隴中，皆置蓮燈一盞。」每天在裡面喝酒、吃飯的常有上千人。會仙酒樓又別具特色：「如州東仁和店、新門里會仙樓正店，常有百十分廳館動使，各各足備，不尚少闕一件。大抵都人風俗奢侈，度量稍寬，凡酒店中不問何人，止兩人對坐飲酒，亦須用注碗一副，盤盞兩副，果菜碟各五片，水菜碗三五只，即銀近百兩矣。」在孟元老的筆下，我們看到了會仙酒樓建築的華麗，看到了酒桌上餐具的豪奢——竟然都使用銀器，飯菜價格的昂貴——兩個人在這裡喝個閒酒就消費銀子近百兩，這不是宰客，這是高級飯店的高規格和高消費。誰叫俖京城人喜歡奢侈呢？

「大抵諸酒肆瓦市，不以風雨寒暑，白晝通夜，駢闐如此。」怪不得孟元老喜歡東京城的大酒樓，原來美酒、美食之外還有美女，《東京夢華錄》記載：「凡京師酒樓……向晚燈燭熒煌，上下相照，濃妝妓女數百，聚於主廊上，以待酒客呼喚，望之宛如神仙。」

除了高級「正店」之外，其餘皆謂之「腳店」，則「不能遍數」。

吃飯是個享受服務的過程

直到民國時期，開封飲食業還延續著北宋的遺風，但近幾十年移風易俗，大多變矣。還是跟著孟元老體驗飯店的服務過程，先說能吃到啥吧。孟元老記載的食物太豐富了，容我挑選幾個展示如下：百味羹、二色腰子、蝦蕈、雞蕈、旋索粉、玉棋子、羊頭簽、炒蛤蜊、炒蟹、炸蟹、洗手蟹之類。如果還不能滿足口福，還會有外來托賣的菜餚，主要有炙雞、爊鴨、羊腳子、點羊頭、脆筋巴子、薑蝦、酒蟹、獐巴、鹿脯、從食蒸作、海鮮時果、旋切萵苣生菜、西京筍。「又有小兒子著白虔布衫，青花手巾，挾白磁缸子，賣辣菜。」更有托賣各種水果、乾果的。如今開封夜市依然盛行此風。

好了，咱接著陪孟元老來到食店坐下，這時由跑堂的安排好座位，則遞上菜單（當時稱為「賣執箸」），問客點何菜。顧客就是上帝，他們點起菜來也是「百端呼索，或熱或冷，或溫或整，或絕冷、精燒、臕澆之類，人人索喚不同。」吃貨們百般挑剔，極難伺候。但那些堂倌也絕不含糊。一個堂倌要招呼兩、三張桌子的客人，常常是幾張桌子點的菜各不相同，沒有重複的，這些堂倌絲毫不會弄錯。客人點完菜後，堂倌把各桌點的菜報給廳堂門口的夥計。此人當時稱為「行菜」，他們的職責是將各桌點的菜單高聲報給廚局（即廚房）中的「鐺頭」（也稱「著案」）聽。宋代的堂倌也太厲害了，一聲吆喝，樓上即刻送來所需菜餚。孟元老用「須臾」一詞描述，但見行菜者左手平端三碗，右臂自手至肩馱迭約二十碗，分別送至各桌需要的客人，不容有差。一有差錯，客人如果要投訴店家，主人必加叱罵，或罰績效工資，甚者炒魷魚。餐飲服務者不僅能手持多碗行走，不滴不漏，且能記住每位賓客的要求，準確提供所需服務，可見他們已有比較高的職業素養。孟元老入店，「則用一等琉璃淺棱椀，謂之碧椀，亦謂之造羹。菜蔬精細，謂之造齏，每碗十文。麵與肉相停，謂之合羹。又有單羹，乃半箇也。舊只用匙，今皆用筯矣」。「更有插肉撥刀炒羊、細料物碁子、餛飩店」可以任意選擇。花錢不多，圖個娛樂。

一般百姓或過往旅客如要就餐，則到便宜的食店就食，當時有一些稱為「悶飯店」的食店，其實它的性質很像今天的便當。這種食店一般只燒幾樣菜，葷素搭配，好吃不貴，花不了多少錢，亦能吃頓飽飯，但飯菜品質就談不上精細了。還可以點外賣，如軟羊諸色包子、豬羊荷包、燒肉乾脯、鮮片醬之類，應有盡有。

跟著孟元老穿越宋朝吃早餐

十卷《東京夢華錄》叫我深深記住了孟元老，就是這個紈褲子弟，南渡之後，把北宋東京貯藏到文字裡，把自己隱匿在人海中，一度不知道這個孟元老是一個人呢？還是一個團隊？後世的我們每次打開此書就能夠遙想當年北宋東京的盛況。他踏遍北宋東京的腳印，後來都變成靈動的文字，他不厭其煩地歷數舊京的御路闕廂、通衢深巷，流水帳式地標註紛繁的店鋪食坊，寫食譜般地羅列「奇巧百端」的名饌小吃，鋪陳種種流程性細節，讓你在詞語的堆砌中，詳睹「車馬盈市，羅綺滿街」的北宋東京。是的，多年之後，我輩憑藉一冊《東京夢華錄》，按圖索驥依然可以在現在的開封尋找到北宋的舊影。常言道：「民以食為天。」我們還是先從吃開始吧，跟著孟元老吃遍北宋東京城，這，才叫真任性。

東京早市美食多

憶得年少多樂事，就算時過境遷依然記得東京城遍布的酒樓美味，他記憶中的酒樓有：「州東宋門外仁和店、薑店、州西宜城樓、藥張四店、班樓、金梁橋下劉樓、曹門蠻王家、乳酪張家、州北八仙樓、戴樓門張八家園宅正店、鄭門河王家、李七家正店、景靈宮東牆長慶樓。」他曾縱遊東京，逍遙自在，縱使物是人非，但是各種情境經歷了多年風雨仍鮮活地存在於心中。還記得穿梭於大街小巷四處遊玩的場景，他對其間的一切瞭若指掌，這是他晚年仍能詳盡而細緻地描述心中故城的重要因素。也只有有錢、有閒並且有點小權的孟元老，才可以毫無顧慮自由出入茶坊酒肆、勾欄瓦舍。用他的原話說就是：「僕數十年爛賞迭遊，莫知厭足。」所以他對東京的吃喝場所格外熟悉和親切。

宋代官員早朝前在待漏院集合的時候，為了表明身分，會在紙燈籠上寫好職位和姓名，便於識別。「宰執以下，皆用白紙糊燈一枚，長柄揭燈前，書官位於其上。」上朝的大臣是在此等候的每位朝臣，皇帝派人供應酒果，據說酒絕佳，果實皆不可咀嚼，估計年紀大的大臣牙口不好，更不容易吃。在宋代當官很辛苦，早朝的時候沒有飯吃，空腹面對皇帝會有低血糖的危險。雖然皇帝佬不供應早餐，自有市場意識的人做起了生意，在待漏院前，多是一些賣速食的攤販。賣肝夾粉粥的，人來客往，十分熱鬧。不止一處有賣早餐的地方，孟元老說凝暉殿「宮禁買賣進貢，皆由此入」，故所售都是「市井之間無有也」的好貨。最繁鬧的大內雜市，還數東華門外市井最盛。

孟元老細數此地所售之物：「凡飲食、時新花果、魚蝦鱉蟹、鶉兔臘脯、金玉珍玩、衣著，無非天下之奇。」東華門內是最有錢的買主，他們只買貴的，不買對的。小販們更是供應各種飲食：「其品味若數十分，客要一、二十味下酒，隨索目下便有之。」如果新鮮瓜果新上市，每對茄子或嫩葫蘆可賣到三、五十千，東華門的生意不比房地產生意利潤低啊！

朝會結束才有工作餐，此俗源於唐朝。唐代大臣每天一大早就要上朝議事，到中午方才退朝。由於朝臣的工作時間很長，飲食多有不便，為顯優恤，唐太宗下詔每天提供一頓工作餐，官員退朝後在朝堂的外廊集中進餐，稱為「廊下食」。後周世宗柴榮下過一道詔書：「文武百官，今後凡遇入閣日，宜賜廊餐。」宋朝設有「待漏院」，為上朝的官員準備美酒和水果等物作為工作早餐，有時散了早朝後，皇上要賜食百官，賜食的地點在殿堂廊下，所以稱為「廊餐」。一些平時吃慣了精美可口食物的官員都不願吃「廊餐」，會藉故提前離去，只有位低祿薄的官員才會留下來吃這一頓免費的工作餐。

點心、羹湯任意索喚

宋代的東京幾乎是不夜城。夜市還未消停，不到五更，整座開封城又漸漸甦醒，人們或上朝或趕集，忙碌的一天就此開始了。

在北宋東京城門口、城內的街頭或者橋頭多有集市，稱之為早市。「每日交五更，諸寺院行者打鐵牌子，或木魚，循門報曉……諸趨朝入市之人，聞此而起。諸門橋市井已開……直至天明。」這是《東京夢華錄》卷三的〈天曉諸人入市〉中，所記述的城門和橋頭早市的景象。早市上的買賣有瓠羹店的灌肺和炒肺、粥飯點心等早點。宋人吳曾《能改齋漫錄》曾對「點心」一詞做過考論。他說那時通常「以早晨小食為點心，自唐時已有此語」。唐代人已將隨意吃點東西稱作「點心」。我們現在將吃早餐說成吃「早點」，這是早晨的餐點，與唐代時的說法沒有明顯差別。周暉《北轅錄》云：「洗漱冠飾畢，點心已至。」後文又說明「點心」就是饅頭、餛飩、包子等。《夢粱錄》中，其「市食點心」主要為麥麵、米粉製品，有饅頭、包子、春璽、餅、仙桃、糕、圓子、團子、粽子、油炸果子等，品種數以百計。

除了點心，還有羹湯。《東京夢華錄》中記有「決明湯齏」、「湯骨頭」、「鹽豉湯」；《夢粱錄》中記有「羊血湯」、「鹽豉湯」；「鹽豉湯」是一特殊品種，鄧子誠注《東京夢華錄》卷六〈元宵〉註釋，引宋人《歲時雜記》：「撚頭雜肉煮湯謂之鹽豉湯。」似為湯類小吃了。現在開封早晨依然是湯鍋林立，煙霧繚繞，飄香不斷。宋代是羹中有湯菜，或羹、湯菜並列。如《夢粱錄》中有「更有賣諸色羹湯」，

「湖中南北搬載小船甚夥，如撐船賣羹湯、時果」。《武林舊事》中有「凡下酒、羹湯，任意索喚」。每一個太陽升起的早晨，孟元老在京城一定也是喝湯飲酒或吃些早點。

到天明，殺豬羊作坊用車子或挑擔送肉上市，動即數百。麥麵也用布袋裝好，用太平車或驢馬馱著，守在城門外，等門開入城貨賣。果子等「集於朱雀門外及州橋之西」，「更有御街橋至南內前，趨朝賣藥及飲食者，吟叫百端」。

退朝的官員不想留在大內享用「廊餐」，如果沒有緊急公務，跟著孟元老可以到東角樓街巷的潘樓酒店去補吃一頓豐盛的「晚點早餐」。「至平明羊頭、肚肺、赤白腰子、奶房、肚胘、鶉兔鳩鴿野味、螃蟹蛤蜊之類」可供選擇。不太挑食的人，可在附近的食店買到名為灌肺和炒肺的小點。想多點選擇的人可去從不打烊的酒樓，餐食可粗分為粥、飯、點心三大類，每份要價不過二十文錢。在酒樓還可以買到各類洗面乳，如「張戴花洗面藥」、「無皂角洗面藥」、「御前洗面藥」、「皇后洗面藥」、「冬瓜洗面藥」等，既美容養顏，又提振精神，美好的一天從早晨開始。

夜市美食最風情

夜市是個好去處，從古至今，一直都是如此。夜市打開了一座城市的另一種風情，如果說白天屬於梵谷《向日葵》的斑斕色塊，那麼夜晚則處於莫內的《睡蓮》，印象派的朦朧美籠罩了夜晚的城市，令人心曠神怡。無論是華燈璀璨還是燈火闌珊，夜的城總守望著歸人。是的，我達達的馬蹄聲，正從北宋走來，「我打東京走過，那等在季節裡的容顏如蓮花開落」。對於孟元老而言，他是歸人，不是過客。滿城燈火，半城美食，在等待。即使遠在江南，依然望穿秋水，醉看州橋，悵望馬行街。

一個人的州橋

說起州橋，我們總會想起楊志賣刀的州橋，想起范成大「忍淚失聲問使者」的州橋。我曾多次站在州橋之上躑躅，念想腳下數公尺的土層就是北宋的天街，就是汴河的故道，就是古典文學座標的州橋，就頗有感歎。是的，如今仍然是「寶馬香車雕滿路」，州橋，在今晚，甚至每一個夜晚，它只屬於一個人的州橋，是的，這是孟元老的州橋，這是「東風夜放花千樹」的州橋，這是古今吃貨流連忘返的州橋。

唐、宋以前，城市的居住區和商業區是分開的。所謂城市，就是居住與買賣交易的地方。城和市是分開的，北宋東京是世界上第一座可以稱之為城市的都城。東京城的布局打破「坊」、「市」界限，代之以由街巷聯繫宅院的開放式住宅區。商業突破了隋、唐以前的限制，普遍破牆開店，商店遍布城內外。沿街開設各種店鋪，店鋪門向街道開敞，形成若干繁華的商業街。一些地方通宵營業，形成曉市及夜市。宋太祖趙匡胤立國之初，就下令解除夜市的禁令，「令京城夜市至三鼓已來，不得禁止」，這項措施一下子活躍了京城的夜市生活。全城大街小巷、橋頭路口都是商品交換的場所，就連御街兩旁的御廊也准許買賣交易。宮城東華門外，有時鮮花果、魚蝦鱉蟹、金玉珍玩、衣服等市場，專門供應宮內需要。皇城東南的潘樓街一帶是經營金銀、綢緞布匹的商店，門面很大，裝潢氣派，交易量驚人。附近還有買賣衣物、書畫、古玩、珍寶的早市場。州橋以東至宋門，有魚市、肉市、金銀鋪、彩帛鋪、漆器鋪，琳琅滿目。州橋以西的西大街，兩邊珠子鋪、果子行等，五顏六色、光怪陸離。

從州橋往南去，當街有賣水飯、爊肉、乾脯等吃食。王樓前，有許多出售獾兒、野狐、肉脯、雞等肉食的小攤販；還有梅家、鹿家出售的鵝、鴨、雞、兔、肚肺、鱔魚等為餡的包子；雞皮、腰腎、雞碎等，每份不超過十五文；還有曹家的小吃、點心等，也是物美價廉。朱雀門有現煎現賣的羊白腸、鮓脯、煎炸凍魚頭、辣腳子、薑辣蘿蔔等出售。

州橋夜市更是美味飄香，各種食物令人駐足。各種煎炒、蒸煮、涼拌、燉熬的食物香氣撲鼻，吸引眾多食客前來品嘗。夏天有麻腐雞皮、麻飲細粉、素簽、砂糖冰雪冷元子、水晶皂、生淹水木瓜、藥木瓜、雞頭穰、砂糖綠豆甘草冰雪涼水、荔枝膏、廣芥瓜、鹹菜、杏片、梅子薑、萵苣筍、芥辣瓜、細料餶飿、香糖果子、間道糖荔枝、越梅、金絲黨梅、香橙丸子等，都用梅紅色的匣子盛貯著，看起來高級、大氣，吃起來清新可口味道美。冬天則賣盤兔、旋炙豬皮肉、野鴨肉、滴酥水晶膾、煎夾子、豬下水，區域一直延伸到龍津橋一帶的須腦子肉為止，售賣的食物統稱「雜嚼」，延續到三更方散。

帝都最繁華的馬行街夜市

東京規模最大的夜市，是比州橋夜市更為繁盛的馬行街夜市。馬行街本是宋代皇帝貼身禁軍的所在地，京城公務人員多出入其間。從馬行街往北走到舊封丘門外，大街兩側民戶店鋪與禁軍軍營兩兩相對，綿延十餘里。其餘的街坊里巷、庭院民居，縱橫上萬家，不知邊際。街市上，店鋪林立，到處都是茶坊酒店、勾肆飲食之家，行人車馬摩肩接踵，不能駐足。

馬行街的夜市通宵達旦，夏天油燭煙焰沖天，連蚊子都無法停留。「蚊蚋惡油，而馬行人物嘈雜，燈火照天，每至四鼓罷，故永絕蚊蚋……馬行街者，都城之夜市，酒樓極繁盛處也。」（《鐵圍山叢談》）經商的人往往家裡不買菜做飯，而在食店中現買現吃。礬樓前的李四家、段家熝物、石逢巴子都是有名的北方風味飯館。而南方風味首屈一指的飯館則是寺橋金家、九曲子周家。《東京夢華錄》云：馬行街夜市「又繁盛百倍，車馬闐擁，不可駐足」。孟元老說不僅酒店客棧、集市鋪肆，燈火通明，東京城內的百姓入夜後，家家戶戶都會在自己的住處門口掛上璀璨的彩燈，在大街上行走的人們也個個提著晶瑩透亮、形狀不一的燈籠。整個東京城的夜晚「燈山上彩，金碧相射，錦繡交輝」。

在孟元老看來，馬行街的夜市更是壯觀，這裡的店鋪大部分到三更時分才收攤，剛到五更就又開張了，繁華地段的夜市更是通宵不絕。甚至四隅背巷等偏遠僻靜之處的夜市也有賣燋酸餓、豬胰、胡餅、和菜餅、獾兒野狐肉、果木翹羹、灌腸、香糖果子之類的吃食。無論寒冬臘月、颳風下雪，夜市裡也有賣抹臟、紅絲、水晶膾、煎肝臟、蛤蜊、螃蟹、胡桃、澤州餳、奇豆、鵝梨、石榴、查子、糍糕、團子、鹽豉湯等美食。此外，由於東京城夜生活極其豐富，有些人或辦公事或辦私事，總是很晚才歸家。因此到了三更天的時候，路上還會看到有商販提著茶瓶賣茶給過往行人。難怪大文豪蘇軾曾經滿懷感慨地寫道：「蠶市光陰非故國，馬行燈火記當年。」

孟元老追憶了潘樓東街巷的舊曹門，說街北山子茶坊，裡面有仙洞、仙橋，吸引仕女結伴來此夜遊吃茶。從土市子一直往南，抵達太廟街、高陽正店，這裡的夜市特別興旺。

據北宋《會要》中記載，宋太祖趙匡胤曾下令開封府：「京城夜市至三鼓以前不得禁止。」從此，東京夜市勃興，日漸形成一座史無前例的「不夜城」。宋代筆記《北窗炙輠錄》記載了一則故事，說是仁宗年間，某個夜晚，歡樂的市聲傳入深宮，被仁宗聽到，他不由問起宮人這是何處作樂？當宮人告訴他是官方酒樓作樂，仁宗不禁感慨起本人在宮中冷生僻清，豔羨起高牆外面的夜市生活來了。「憶得少年多樂事，夜深燈火上樊樓。」這是南渡之後劉子翬對東京夜市最好的懷念。念想東京的美食和夜市，也是「出京南來，避地江左」的孟元老「暗想當年節物風流，人情和美，但成悵恨」的鄉愁抒懷吧！

從北宋一路走來的「棗花」

直到今天，每年的春節，出門的閨女正月初二回娘家，帶不帶其他禮品不重要，「棗花」是一定要的。只不過移風易俗，由過去手工蒸的換成了蛋糕店加工的雞蛋糕「棗花」，或是白糖倒製的白糖「棗花」了。我很懷念小時候母親在春節前蒸「棗花」的場景，那些民俗中漸漸消失的東西一度停留在我少年的記憶中。「二十三，祭灶宮。二十四，掃房子。二十五，磨豆腐。二十六，去割肉。二十七，殺隻雞。二十八，蒸棗花……」這些民謠還在傳唱，而那些風俗卻漸漸減少。

過年是隆重的大事，「二十八，蒸棗花」指的是春節前的蒸年饃習俗。老家蒸饃一般都夠整個正月吃。在花樣繁多的年饃中，人們特別重視蒸棗饃。這不但代表了一個婦女的手藝，還蘊含了孝心，透過麵粉在巧手中化成有形有體的食品。「棗花」蒸的大小、厚薄、美醜等都會成為鄰居評判的標準。而棗花饃的簡單做法是：將發酵的麥麵擀成片狀，用刀從中間切開。把切開的兩個半圓相對，用筷子從中間一夾，一朵四瓣麵花就出來了。在每片瓣插上紅棗，就成了一個精緻的棗花饃。有的人會把棗花一層一層堆成山，叫「棗山」。

蒸棗饃的時候，氣氛相當隆重而神祕，各家的家庭主婦常常是小心謹慎，不說閒話。如果蒸籠漏了氣，家中的所有成員都不能大驚小怪的，主婦會一聲不響地將蒸籠封嚴。像是「爛了」、「完了」、「不熟」、「黑」、「不暄」等詞語都被視為不吉利，此時絕對不能說。在這幾天，鄰居、親友一般不串門。

棗花也是外祖母給外孫準備的特殊禮物。農曆正月初二，凡出嫁的閨女都要帶上兒女回娘家探望長輩。在娘家，母女共敘離別思念之情，盡情享受天倫之樂。吃飽喝足返家之際，外祖母要送給外孫一個棗山、外孫女一個棗花。此俗的意義是雙層的：一是表達了外祖母的願望，希望外孫家快快富裕起來；二是孩子母親的祈盼，希望孩子抱了娘家的棗饃後，孩子像棗山、棗花一樣健壯美麗。民間有俗語說：「外甥要想暄，姥姥家去搬棗山。」

說起棗花，想起袁世凱當內閣總理時，有項城老鄉進京找他，企圖憑藉他的權力，給自己謀個一官半職。這天，來了三個河南項城人，袁世凱聽他們說話，清一色的項城口音，可問到項城的風俗民情，卻支支吾吾，躲躲閃閃。袁世凱心裡有底，因為他知道社會上流傳有「學會項城話，就把洋刀挎」的說法，表面上裝得很客氣的樣子，推薦三個項城老鄉「聚賢堂」考試。這三個項城人躍躍欲試，準備筆下生花，出奇制勝。誰知他們一看考題，原來，紙上的考題是：「總理給外公拜年，回來時拿點什麼？」個個傻了眼，你看看我，我看看你，半天寫不出一個字來。正在這時，門外又來了一個名叫趙國賢的項城人，此人身強力壯，站在那裡，好似一座黑色鐵塔。趙國賢拿起考卷一看，不禁哈哈大笑起來，只見他不卑不亢地說：「這有何難，拿個棗山就是了。」世凱一聽，開懷大笑：「著哇！我們河南有『外孫搬他姥姥家的棗山，日子愈過愈暄』的風俗，你答得對！」趙國賢力大如牛，後來袁世凱留這位老鄉當了貼身保鏢，那三個假冒的人則被拉下去痛打一頓，驅趕出城。

清明節的時候，北宋流行「棗䭅」，啥叫「䭅」呢，我們先說一下，䭅是古代的一種蒸餅，以麵做成。宋代，寒食清明之時有食棗䭅及插棗䭅於門楣之俗。《玉篇·食部》：「䭅，餅也。」宋孟元老《東京夢華錄·清明節》：「……前一日謂之『炊熟』。用麵造棗䭅飛燕，柳條串之，插於門楣，謂之『子推燕』。」（孫世增校注《東京夢華錄》）宋陸游《老學庵筆記》：「淳熙間，集英殿宴金國人使九盞……（第九）棗䭅、髓餅、白餅、環餅。」《醉翁談錄》亦云：「又以棗麵為餅，如北地棗菰而小，謂之子推，穿以楊枝，插之戶間，而不知何得此名也。或以謂昔人以此祭子推，如端午角黍祭屈原之義。」周寶珠先生說所謂「子推」或「子推燕」，就是用麵造棗那麼大的物品，類似飛燕，以此紀念介子推。《事物紀原》卷八說：「以麵為蒸餅樣，團結附之，名子推。」清明時節，開封天氣晴和，氣候宜人，花開柳綠。人們都到著名園林觀賞花木，或到郊外觀賞春景。歌兒舞女遍滿園林，為官僚富戶歌舞佐歡。人們到暮色降臨時才扶醉回城，「各攜棗餶、炊餅、黃胖、掉刀、名花異果、山亭戲具、鴨卵雞雛，謂之『門外土儀』」。這時回城的轎子也以楊柳雜花裝飾，從轎頂四垂而下，很是清新耀眼。到了明代，明朝人還會留下一部分的棗餶飛燕，到了立夏，用油煎給家中的孩童吃，據說吃了以後，可以不蛀牙。〈汴宋竹枝詞〉云：

「花發春城似去年，踏莎遊騎趁新煙。迎風巧串子推燕，楊柳一枝和露鮮。一盂麥飯薦墳園，拜掃人歸笑語喧。楊穗草簪連綺陌，掉刀黃胖掛車轅。」

清方以智《通雅．飲食》：「餶子，黏果。」如今開封市井中的棗黏面饃，吃的時候小塊插起，該不是「棗餶」另一種版本的流傳吧？當然，還有過年時節的「棗花、棗山」，都有關聯吧。只是，現在的清明節多了熱鬧，少了些什麼，比如這「棗餶」。

棗黏麵饃與清明節食品

獨特的汴京風味——棗黏麵饃

本人做為一名資深吃貨，加上這幾年寫《尋味開封》專欄，可謂走遍了開封的大街小巷，只為了一張嘴，尋找美味佳餚。說起棗黏麵饃，外地人大概都不知道是什麼食物，就算是開封人，知道的可能也不是太多，因為這種食品不像開封拉麵、小籠包子、鍋貼那樣普及，它僅僅躲在胡同深處的小攤上靜默無語，一如停留在過道的包耀記*名點一樣。民間藏美，是的，民間藏美食，民間藏佳餚。開封需要慢慢走，需要用心發現街頭的美味和名品。這些美食低調樸實卻風味獨特，是民間百姓的匠心之作，是一座城市的文化符號或老開封的標籤之一。一座城，什麼都可以錯過，唯有美景和美食不可辜負，一是眼睛需要滿足，二是胃口需要慰藉，在對的時間找到對的地

---

*包耀記是開封著名的糕點老字號，前店後作。如今品牌還在，只是由過去的工人在一個過道口出攤。

方，吃到喜歡的美食，就是一次成功的旅行，一趟走心的休閒，一段回味的行程。

棗黏麵饃——一種回族食品，在開封東大寺門口和回民中學附近曾經有賣。這種食品的味道叫人吃後回味無窮，不像現在街頭的糕點店烤箱快速加工的棗糕一樣「糟糕」，工業化的快速複製靠香精或添加劑來混淆食材本真的味道，只有純手工製作可以鎖住食材的美味。

棗黏麵饃的製作離不開紅棗和黍米，黍米必須碾皮。大棗選擇開封本地棗或新鄭棗比較好，先把紅棗泡在水中膨脹之後，煮熟撈出來放置好備用。煮棗的水不要倒掉，添到鍋裡用。把黍米用涼水浸泡到用手一撚即碎的時候，上磨磨成汁。手推石磨品質強於機器磨製。待汁水澄清之後，撇去清水，留下沉澱的糊備用。下一個工序就要上鍋蒸了。地鍋水燒開之後，箅子鋪上籠布，再放上用薄鈑製成的高三寸許的圍圈，舀米糊倒進圍圈之內，鋪平稍低於圍圈上沿即可，防止米糊蒸熟之後溢出變形影響外觀。再用泡好的棗攤放在圍圈內，鋪平整個圍圈，再次灌糊，用米糊充滿紅棗間隙並覆蓋其表層，直至看不見棗為止。做完這些就可以開足馬力添柴燒火了，大火蒸，直到饃熟。最後一步就是裝飾了，選取煮熟的大棗擺放在上面即可。一張圓圓的、金黃可口的饃餅就做好了。賣的時候切開，用竹籤插著吃就可以了。

古人在清明節都吃啥？

清明節又叫寒食節，漢代寒食節在清明前三天，唐、宋時寒食節改為清明節前一日。《燕京歲時紀》說：「清明即寒食，又曰禁煙節。古人最重之，今人不為節。但兒童栽柳、祭掃墳塋而已。」寒食節的食物很多種，其中饊子這種食品就與介子推有關。這種美食小品源於民間，說是在二千六百多年前的春秋戰國時期，晉獻公的次子重耳受後母驪姬陷害，被迫流亡國外十九個春秋。他身邊有一隨臣名叫介子推，此人最為忠貞，始終不離其左右。據傳，介子推曾割下自己腿上的肉為重耳充饑。西元前六三七年，重耳借助於秦國的力量，當上了國君，便封賞跟隨他流亡「患難之臣」，卻唯獨忘了介子推。傳說介子推曾做龍蛇之歌，攜老母居介林（今山西境內）綿山之中不出。晉文公重耳經人提醒後忙請其下山，但介子推不出山。於是，重耳命人焚火燒山，想以此法逼介子推出山。介子推連同老母死於綿山。文公重耳聞之，悲痛不已，傳令將綿山之地封給介子推，並封綿山為介山。百姓為紀念介子推，每年臨近介子推殉難之日前幾天就不再動煙火做飯。

不動煙火就得吃冷食。晉代冷食為「餳大麥粥」，就是將大麥磨成麥漿，煮熟，再將碎杏仁拌入，冷凝後切成塊狀。宋代則為「子推餅」，但流傳至今的是源自魏晉時代的饊子。不過，古代不叫饊子，而名寒具。北魏賈思勰《齊民要術》說：「環餅一名寒具……以蜜水調水溲麵。」然後用油炸食，是極為酥脆可口的食品。唐時還喜歡黏黑芝麻。至宋代，寒具已是寒食節的主要食品。《雞肋編》記載：食物中有「饊子」，又名「環餅」，或曰即古之「寒具」也。京師凡買熟食者，必為詭異標表語言，然後所售益廣。有個賣饊子的擔著饊子，不說何物，而是玩起了行銷策略，長歎說：「虧就虧了我吧！」引人矚目。被廢的皇后住在瑤華宮，他老是在那附近長歎，於是就被開封府的衙役抓走，打了一頓。這商家從此記取了教訓，再買饊子叫賣道：「待我放下歇歇吧！」眾人笑話他的同時，也愈來愈多人向他買東西，他的饊子愈來愈有名氣。蘇東坡在海南的時候，有個老婦人鄰居，也賣饊子，想找名人做廣告宣傳，多次盛情邀請蘇東坡給寫一首詩，礙於情面，蘇東坡於是戲云〈寒具詩〉：「纖手搓來玉數尋，碧油煎出嫩黃深。夜來春睡濃於酒，壓褊佳人纏臂金。」南宋詩人林和靖〈山中寒食〉詩云：「方塘波綠杜蘅青，布穀提壺已足聽，有客新嘗寒具罷，據梧慵復散幽經。」關於饊子的名稱，除了稱此為「寒具」外，尚有些其他名稱，如：有據其形狀如環釧的，稱之為環餅，有據其製法需以手撚的，稱之為撚頭。現在寒食節雖被人們遺忘，但饊子卻成了人們喜愛的食品。如今在開封的大街小巷還可以看到製作饊子的攤販。

《零陵總記》記載了另一種寒食節食品「青精飯」：「楊桐葉、細冬青，臨水生者尤茂。居人遇寒食採其葉染飯，色青而有光，食之資陽氣。謂之楊桐飯，道家謂之青精飯，石䭀飯。」宋代林洪《山家清供》卷上：「青精飯首以此重穀也。按《本草》：南燭木，今名黑飯草，義名旱蓮草，即青精也。採枝、葉，搗葉，浸上白好粳米。不拘多少。候一、二時，蒸飯。曝乾，堅而碧色……如用時，先用滾水，量以米數，煮一滾，即成飯矣……久服，延年益顏。」寒食節吃青精飯的習俗在南方較為流行。青精飯古今的製法也不一。明代做法是先將米蒸熟、晒乾，再浸烏飯樹葉汁，複蒸複晒九次，所渭「九蒸九曝」，成品米粒堅硬，可久貯遠攜，用沸水泡食。現代江南青精飯是當天做、當天吃，也不再「九蒸九曝」。《七修類稿》提到寒食節時吃的「青白團子」就是由青精飯演變而來。這種青白團子是在糯米中加入雀麥草汁舂合而成，餡料則多為棗泥或豆沙。放入蒸籠之前，先以新蘆葉墊底，蒸熟後色澤翠綠可愛，又帶有蘆葉的清香，是很受歡迎的寒食節食品。

稠餳也是寒食中一種較具特色的節日食品。所謂「稠餳」，就是一種飴糖。商人們往往拿著這種飴糖，邊走邊吹著簫子，以吸引顧客。「草色引開盤馬路，簫聲催暖賣餳天」，便是北宋詩人宋祁在〈寒食假中作〉一詩中對這一風俗的生動描述。

「子推燕」是寒食節中最具特色的食品。這一食品在寒食前一天「炊熟」製成，據《東京夢華錄》卷七〈清明節〉載：「用麵造棗䭔飛燕，柳條串之，插於門楣，謂之子推燕。」宋人認為，如果風乾的子推燕能夠放到明年，有治療口瘡的功效。

此外，寒食節尚有許多特色食品，如乳酪、乳餅、麥餅等。臘月肉常被北宋東京人拿來在寒食節食用。

宋人除夕不吃餃子吃什麼？

少年時代，印象中每年除夕，不是忙著貼春聯，就是忙著包餃子。過年就是大吃大喝，天天白麵饃，天天走訪親戚。除夕一夜交兩歲，孩子們四處野玩，有時半夜會跳到人家院子裡到廚房掀開鍋排偷餃子吃。鄉下人風俗，除夕的餃子必須留一碗，寓意鍋中有餘，來年不缺吃的。善男信女還會在除夕「供天地桌」，給諸神上供，陳設蜜餞果脯一層，再擺放蘋果、乾果、饅頭、素菜、年糕諸物。這些東西直到過了正月十六之後，小孩子才可以吃。據說吃了可以保一年中無災無難。

置身北宋故都，不禁想起宋代除夕的那些事：宋人在除夕都吃什麼呢？

我們知道，守歲，就是除夕晚上不睡覺。守歲始於北宋，《東京夢華錄》卷十記載：「士庶之家，圍爐團坐，達旦不寐，謂之守歲。」時人認為，「守冬爺長命，守歲娘長命」。因此，一些孩子們往往通宵達旦不睡，為娘守歲。除夕習俗的內容儘管很多，但其中心仍然是品春盤、吃年夜飯、飲屠蘇酒等，全家人吃喝玩樂構成了節慶的主旋律。

品春盤源於「品五辛盤」，就是一種生菜大拼盤，就像現代的生菜沙拉一樣。「五辛」指蔥、薑、蒜、韭菜、白蘿蔔等五種辛香類的蔬菜。後來五辛盤演化成「春盤」，在宋代皇宮的春盤「翠縷紅絲，金雞玉燕，備極精巧，每盤值萬錢」（《武林舊事》）。現代春捲估計就是由此演變而來，除夕品嘗，則名之曰「咬春」。

「吃年夜飯」的花樣甚多，宋代開封除夕主食要吃餺飥，餺飥是宋代除夕最具特色的食品，時有「冬餛飩，年餺飥」的諺語。南宋陸游〈歲首書事〉一詩有「中夕祭餘分餺飥」詩句，並自註：「鄉俗以夜分畢祭享，長幼共飯其餘。又歲日必用湯餅，謂之『冬餛飩、年餺飥』。」歐陽修《歸田錄》卷二：「湯餅……今俗謂餺飥矣。」宋朱翌《猗覺寮雜記》卷下：「北人食麵，名餺飥。」湯餅就是很薄的麵片，宋人除夕流行吃麵，而不是餃子，不過那時還沒有餃子這個名詞，除夕吃餃子（餛飩）是元代以後的事了。

「飲屠蘇酒」主要是除瘟氣。《月令粹編》記載：「屠者屠絕鬼氣，蘇者蘇醒人魂。」此酒多用細辛、乾薑、大黃、白朮、桔梗、蜀椒、烏頭、防風、花椒、肉桂、虎杖等藥物泡製。宋人陳元靚《歲時廣記》有詳盡記載，稱其為「屠蘇散」、「八神散」或「軒轅黃帝神方」。「一人飲之，一家無疾；一家飲之，一里無病。」宋代高承《事物紀原》說：「除夕守歲，飲屠蘇酒乃是慣例。」飲用時須從年齡最小者開始，順序輪轉，最後是最長者。其理由是隨著年歲的漸增，少年得歲，老人失歲，心常戚戚，故少者先飲。蘇軾〈除日〉詩曰：「年年最後飲屠蘇，不覺來年七十歲。」

「守歲飲酒，須要宵夜果兒，每用頭合底板，簇諸般采果、鬥葉、頭子、萁豆市食之類。亦有中様合裝者，名為宵夜果兒，乃京城鄉風如此。」（見《西湖老人繁勝錄》）那個時代幾乎沒有娛樂，夜長時間過得慢，為了消磨時間，都要備一些宵夜果子，就像今天我們準備瓜子、糖果一樣，邊看特別節目，邊嗑瓜子。「兒童強不睡，相守夜歡嘩。」宋代如此，現在也是如此，孩子們最喜歡過年嘍！

精選美味製作法

❖渾羊歿忽

1. 按吃飯的人數準備子鵝的數量，將鵝宰殺後，煺毛，掏盡內臟。
2. 完成鵝肉與糯米飯的調味，將糯米飯塞入鵝腹。
3. 取羊一隻，宰殺、剝皮並去掉內臟。
4. 將鵝放入羊腹內，縫好開口。
5. 上烤爐按烤全羊法長時間緩火烤，至羊肉熟透離火。
6. 打開縫口，取出全鵝放上大托盤，佐各種味碟開吃。

❖蟹釀橙

1. 挑選黃熟個大的橙子，切去頂蓋，剜去瓤，稍微留點汁液。
2. 用蟹膏肉填滿橙中，用帶枝頂蓋覆蓋。
3. 放入甑裡，用酒、醋、水蒸熟。
4. 以醋、鹽蘸食。

❖蓮房魚包

1. 將嫩蓮蓬頭切去底部，挖出瓤肉。
2. 將活鱖魚塊同酒、醬、香料拌和，一起塞入蓮蓬洞孔內，再覆其底。
3. 放入蒸鍋中，蒸熟即成。

❖釀筍

1. 準備長短粗細相近、肉色較白的中小春筍五至六支，去殼、去根洗淨。
2. 肉餡用薑末、蔥花、胡椒粉、料酒、鹽攪拌均勻。
3. 用筷子將竹筍內部的節一一穿透，將調好味的肉餡分別塞滿筍內，撲上生粉封口蒸之。
4. 待筍的顏色變老，稍燜後即可出鍋上桌，用餐時自剝筍衣而食。

❖爊鴨

1. 將鴨子洗淨，麻油入鍋燒熱。
2. 下鴨子煎至兩面呈黃，下酒、醋、水，以浸沒鴨子為度。
3. 加細料物、蔥、醬，用小火煨熟。

4. 熟透之後浸在滷汁之中，食用時再取出，切塊，裝盤即成。

❖燜爐烤鴨

1. 燜烤鴨子前，用秫秸將爐牆燒至適當溫度後，將火熄滅。
2. 將鴨子宰殺放血後，放在六、七成熱的熱水裡燙透，撈出。
3. 用手從脯部順掌向後推，把大部分毛煺掉，放在冷水盆裡洗一下，用鑷子鑷去細毛。
4. 截去爪子和膀的雙骨，抽出舌頭。
5. 由左膀下順肋骨開一個小口，取出內臟。
6. 從脖子上開口，取出嗉囊裡外洗淨，再用開水把鴨身裡外沖一下。
7. 京冬菜團成團，放入腹內。
8. 皮先用鹽水抹勻，再用蜂蜜抹一遍，用秫秸節堵住肛門。在腿元骨下邊插入氣管，打上氣，放在空氣流通處晾乾。
9. 用秫秸將爐燒熱，再用燒後的秫秸灰，將旺火壓勻。
10. 用鴨鉤勾住喉管，另一頭用鐵棍穿住，襻在外邊；將鴨子掛在爐內，封住爐門及上邊的口，烤至鴨子全身呈柿紅色，即可出爐。

11. 烤熟後片肉，可以皮肉不分，片片帶皮帶肉，也可以皮肉分開，先片皮後片肉。片好裝盤，即可上桌。

❖夏凍雞

1. 將雞燙洗潔淨，剁成塊狀，經熱油稍炸後取出。
2. 將羊頭除去毛，洗淨，同雞塊一起入鍋煮熟。
3. 加鹽和調料，煮好之後撈出羊頭，把剩餘的雞肉放盤，直接置入冰箱零度保鮮，冷凝即成。

❖炕雞

1. 需全雞一隻，先用花椒鹽將雞身內外擦透，醃一個小時。
2. 瀝乾血水，塗以酒；等雞表面稍乾，再塗一層薄薄的甜醬。
3. 待入味，入烤箱內烤熟，斬成火柴盒大小塊狀，入盤即可上桌。

❖爐焙雞

1. 整隻雞入沸水中煮至八成熟，撈出，瀝去水，剁成小塊。

2. 鍋內添少量油燒熱，將雞肉塊放入略炒。
3. 將鍋蓋嚴，燒至極熱，加醋、酒、鹽慢火煨製，待汁乾後，再添少量酒煨之。
4. 如此數次，待熟透酥香即可食用。

❖酥雞

1. 鮮藕切成薄片，按照一層藕片、一層雞的次序，一層一層擺入鐵鍋，雞頭向外，呈圓形。
2. 白糖、醬油、香醋均勻潑灑雞身，中間圓洞內放入薑片、蔥段、大料，加水適量，經武火攻沸。
3. 文火燒煮、微火煨燜，其間適時加入料酒、椒麻油即成。

❖風雞

1. 選公雞為佳，從右翅下開一小口扒取內臟，收拾乾淨後灌入熱椒鹽並搖勻，置於案板醃製三天。
2. 後用麻繩穿鼻，關於陰涼通風處，風乾十五天。
3. 吃的時候先乾拔羽毛，用酒燃火將細毛燎淨。

4. 入溫水浸泡，從背脊處劈開，加入蔥、薑後籠蒸，切成條狀裝盤，淋上麻油調味。

❖ **糟雞**

1. 先把火雞宰殺去毛，淨膛汆洗。
2. 佐以蔥、薑、料酒，用文火煨煮後，取出斬塊。
3. 再用精鹽、味精拌和，取酒糟、蔥絲、薑末、花椒加雞湯少許攪拌均勻。
4. 置入罈底，逐層灑上曲酒，再把剩下的配料裝入紗袋覆蓋其上密封罈口，一天後即可食用。

❖ **炕羊**

1. 掘地三尺深作井壁，用磚砌高成直灶。
2. 整隻小羊宰殺、治淨，用鹽塗遍全身，加地椒、花椒、蔥段、茴香醃漬。
3. 直灶中間開一道門，上置鐵鍋一只，中間放上鐵架，用鐵鉤吊住羊背脊骨，倒掛在爐中。
4. 覆蓋大鍋，四周用泥塗封。下用柴火燒，至井壁及鐵鍋通紅。
5. 再用小火燒一、二小時，封塞爐門，讓木柴餘火煨燒一夜即成。

❖ 燒臆子

1. 將豬胸叉肉切成上寬二十五公分、下寬三十三公分、長四十公分的方塊。
2. 準備花椒鹽水，以花椒與鹽加開水煮成。
2. 順排骨間隙戳穿數孔，把烤叉從排面插入。
3. 在木炭火上先燒透一面，用涼水將肉浸泡三十分鐘後取出。
4. 順著排骨間隙用竹籤扎些小孔，俗稱放氣，便於入味。
5. 再翻過來烤帶皮的一面，邊烤邊用刷子蘸花椒鹽水刷在排骨上，使其滲透入味。
6. 烤四小時左右，至肉的表面呈金黃色、皮脆酥香時離火。
7. 趁熱用刀切成大片裝盤，吃時配以荷葉夾、蔥段、甜麵醬。

❖ 炸雞簽

1. 將雞脯肉切成細絲，用溼粉芡、蛋清、蔥椒及佐料一起拌成餡。
2. 以花油網裹餡成卷，上籠蒸透。
3. 外面再掛一層蛋糊，入油鍋炸至呈柿黃色。
4. 切成象眼塊裝盤，灑上花椒鹽即可食用。

❖肝簽

1. 生豬肝切成細絲，放進開水鍋裡稍燙一下，用水淘涼，搌乾水分。
2. 加入調料的雞肉糊放在一起攪勻後分成幾份。
3. 與豬網油片平放在案板上，抹一層蛋清糊。
4. 順掌放一份肝絲和雞肉糊，將豬網油的兩頭折起，捲成直徑約兩公分的卷。
5. 放在盤內上籠蒸熟，取出放涼，再抹上一層蛋清糊。
6. 炒鍋置旺火上，添入花生油，燒至七成熱時放入肝卷，炸呈柿黃色酥脆時撈出。
7. 切成四公分長、一公分厚的斜刀塊裝盤，以花椒鹽蘸食。

❖五色板肚

1. 取新鮮豬肚，經加工修剪、浸泡整理乾淨。
2. 精選肥瘦比為三比一的豬肉，剔除筋膜，切成丁狀。
3. 佐以精鹽、白糖、料酒、上等香料等，醃製豬肉。
3. 配以香菜、松花蛋裝入豬肚，將切口封嚴，經滷製重壓透涼而成，吃的時候切成薄片裝盤。

❖杞憂烘皮肘

1. 取一斤半重左右的豬前肘，將肘子皮朝下放在鐵笊籬中，以旺火燎烤十分鐘左右。
2. 放入涼水盆內，將黑皮刮淨，再把肘子皮朝下放在笊籬中，上火燎烤。
3. 如此反覆三次，肉皮刮掉三分之二。
4. 將刮洗乾淨的肘子放湯鍋裡煮五成熟，撈出修成圓形，皮向下偷刀切成菱形塊放碗內，將切下來的碎肉放在上面。
5. 黑豆和洗淨的枸杞果泡煮至五成熟，放入碗內，上籠用旺火蒸兩小時。
6. 紅棗兩頭裁齊，將棗核捅出。
7. 蓮子放在盆內加入開水和鹼，用齊頭炊帚打去外皮，沖洗乾淨，截去兩頭，捅去蓮心。
8. 將蓮子放在碗內，加入少量大油，上籠蒸二十分鐘，取出瀝去水分，裝入棗心內，再上籠蒸二十分鐘。
8. 鍋內放入鍋墊，把蒸過的肘子皮朝下放鍋墊上，添入清水兩勺、冰糖、白糖、蜂蜜，把裝好的大棗放上，用大盤扣著，以大火燒開，再移至小火上半小時。
9. 呈琥珀色時，去掉盤子，揀出大棗，用漏勺托著鍋墊扣入盤內。
10. 將黑豆、杞果倒入餘汁內，待汁烘起，盛肘子入盤，略加整形，點以銀耳即成。

❖琥珀冬瓜

1. 選用肉厚的冬瓜，去皮後刻成佛手、石榴、仙桃形狀。
2. 鋪在箅子上，放進開水蘸透，再放進鍋內。
3. 兑入去掉雜質的白糖水，武火燒開後改用小火，冬瓜呈淺棗紅色、汁濃發亮時即成。

❖櫻桃煎

1. 備五十斤鮮櫻桃和二十五斤白砂糖。如人數不多，按比例減少即可。
2. 提取櫻桃果肉汁液，將以上原料混合在一起。
3. 放入鍋中加清水熬煮，直至原料充分溶於水。

❖大耐糕

1. 取個頭小巧的蘋果，削皮去核，製成果盒形狀。
2. 裝入棗泥及配料，表面用瓜子仁或杏仁點綴為花形，入籠蒸熟後澆蜜汁即可。

❖算條巴子

1. 先將豬肉精肥各切作三寸長，如運算元樣。
2. 調和砂糖、花椒末、宿砂末。
3. 與豬肉拌勻，日晒乾後蒸熟。
4. 食用時，要先加以浸洗，再放入盛器蒸熟即成。蒸時視肉乾鹹淡，可略加蔥、酒、鹽或糖等調味。

❖魚鮓

1. 取新鮮魚，先去鱗，再切成二寸長、一寸寬、五分厚的小塊，每塊都帶皮。
2. 切好的魚塊放進水盆裡浸著，整盆漉起來，再換清水洗淨。
3. 漉出放在盤裡，灑上白鹽，盛在簍中，放在平整的石板上榨盡水。
4. 將粳米蒸熟作糝，連同茱萸、橘皮、好酒等原料在盆裡調勻。
5. 取一個乾淨的甕，將魚放在甕裡，一層魚、一層糝，裝滿為止。
6. 把甕用竹葉、菰葉或蘆葉密封，放置若干天，使其發酵。

❖東華鮓

1. 取鯉魚肉一千克，洗淨後切成厚片，用精鹽醃入味並瀝乾水。
2. 備花椒、碎桂皮各五十克，酒糟二百五十克，與蔥絲、薑絲、鹽一起拌勻成粥狀。
3. 將魚片與上述調料拌勻，裝入瓷罈內。
4. 以料酒、清水各半，洗淨帶糟的魚片。
5. 加碎桂皮末二十五克，與蔥、薑絲、少許鹽、胡椒粉拌勻，用鮮荷葉包成小包，三、四片一包。
6. 蒸透取出裝盤即可。

❖油條

1. 麵粉加入小蘇打（或鹼）、礬、鹽溶液。
2. 添水和成軟麵團，反覆揉搓使勻。
3. 餳過之後擀成片，切成長條。
4. 取兩條合攏壓過，抻長下入油鍋內，用長筷子不斷翻轉。
5. 受熱後麵坯中分解出二氧化碳，產生氣泡並膨脹，色棕黃、鼓之圓胖即成。

❖油餅

1. 採用小麥麵糰，用水和麵；冬天用温水，夏天用涼水。不用發酵。
2. 把麵團擀成水盤大小的圓張，甜餅極薄，不加任何調料；鹹餅略厚，常常佐以蔥花、油、鹽。
3. 將擀好的餅，放在燒熱的鐵鍋、平底鍋或鏊子翻烤。
4. 甜餅一正一翻即熟，鹹餅講究「三翻六轉」。

❖鍋貼

1. 以韭黃、豬肉為餡，死麵為皮。
2. 包好後依次擺放在平底鍋內，加入清水用武火煮製。
3. 水乾後澆上稀麵水，待水消盡，淋入花生油再用文火煎製，鍋貼至柿紅色的時候即成。

❖鍋貼豆腐

1. 把魚肉、蛋清、粉芡、鹽、薑汁、大油、味精打成暄糊。
2. 豆腐捺成泥，摻到糊內攪拌。

3. 將肥肉膘切成方形薄片，把打好的糊抹在上面。
4. 把收拾好的青菜葉鋪在上面，抖上乾粉芡面，掛上蛋清糊，入熱油鍋炸成微黃色。
5. 撈出剁成長條塊，裝盤即成，佐以花椒鹽食之。

❖豬肉香腸

1. 將豬肉剔除筋膜並絞碎，把肥肉切成一公分的小方塊。
2. 將肥、瘦肉拌勻，加入各種輔料，拌至有黏性為止。
3. 洗淨腸衣，控乾水分，將配好的肉灌入腸衣，注意粗細均勻。
4. 將腸扎針放氣，打節，每節十六公分，兩節為一對，懸掛於陰涼處風乾。

❖羊肉香腸

1. 以料酒、白糖、薑汁，花椒油、食鹽為配料，將配料製成料汁。
2. 把羊肉切成細長小條．放入料汁浸漬十五分鐘。
3. 把羊肉灌入腸衣，每隔十公分用麻繩紮為一節，每掛有六至七節，掛於通風、乾燥、陰涼處陰乾即成。

❖香辣灌肺

1. 先取羊肺一具，反覆灌水洗淨血汙。
2. 澱粉、薑汁、芝麻醬、杏仁泥、黃豆粉、肉桂粉、豆蔻粉、熟油、羊肉汁、適量鹽、清水少許調成薄糊。
3. 邊灌邊拍，使之灌滿羊肺。
4. 用繩子紮緊氣管口子，與羊肉塊同煮，熟時切成塊狀，蘸醋、芥末或蒜泥之類調味品食之。

❖東坡羹

1. 將蔓菁、蘿蔔洗淨切成寸段，生薑洗淨切塊。
2. 粳米淘淨，與上述調料一起放入砂鍋，加水煮成稠粥，加入白糖即成。

❖鵪子水晶膾

1. 將鵪鶉洗淨，從脊開膛，在湯內略浸後撈起放在盆內。
2. 原汁湯濾去雜物，倒入盆中，加入蔥汁、薑汁、花椒和陳皮，再放入精鹽、料酒、味精上籠蒸爛。

3. 下籠時揀去花椒、陳皮，潷出原汁，剔去鵪鶉骨頭，但保留頭部，使其形狀完整。

4. 把豬肉皮放進開水鍋內浸透撈出，片淨皮上的油脂，上籠蒸爛並過濾，兑入蒸鵪鶉的原汁，放在火上微熬片刻待用。

5. 把鵪鶉放進直徑十二公分的碟內，並擺放成形，將汁澆入，放進冰箱速二十分鐘取出，扣裝盤內，點綴香菜。

6. 以薑米、香醋兑成汁，隨菜上桌。

❖水晶膾

1. 將白雞一隻剁成四大塊。

2. 豬肘子剔除骨頭，與去油脂的豬肉皮一起用清水煮至八成熟時，撈出、清洗乾淨，放入盆裡，加入薑片、大蔥段。

3. 加入適量精鹽、料酒與清水以旺火蒸製，待雞肉、肘子酥爛、湯汁有彈性而且清澈，用湯籮濾出湯汁。

4. 使湯汁的一半凍結，而且在其上面用火腿、香菜葉隨意擺成花朵形圖案，再將另一半湯汁均勻地倒入凍結。

5. 切成菱形塊，使每塊裡面都有一個花朵形圖案，裝盤即成。食用時調以薑末、香醋。

❖ **金齏玉膾**

1. 八、九月下霜季節，選擇三尺以下的鱸魚。
2. 宰殺、治淨後，取精肉細切成絲。
3. 調味汁浸漬入味後，用布裹起來擠淨水分，散置盤內。
4. 另取香柔花和葉，均切成細絲，放在魚膾盤內與魚膾拌勻即成。

❖ **旋切魚膾**

1. 用五斤以上的螺螄青魚，取純肉切絲。
2. 配以香菜、韭黃、生菜分別擺裝入盤。
3. 將薑汁、蘿蔔汁、香醋、胡椒粉、榆仁醬、鹽、少許糖摻在一起成汁，蘸著吃即可。

❖ **琉璃藕**

1. 河藕洗淨去皮，切成瓦狀。
2. 油炸冷卻後，塗一層稀稀的蜂蜜即可。

❖煎藕餅

1. 鮮藕七百五十克淘洗乾淨，切去藕節，削淨藕皮。
2. 刨成細茸剁碎，以稀布擠出部分水分。
3. 肥膘肉一百五十克絞成細泥，與同江米粉一百克、藕茸放在一起攪拌成糊。
4. 把豆沙泥二百克分成十八個餡心，用藕糊包成十八個圓餅，餅直徑二～二．五公分、厚一．五～二公分。
5. 鍋內放入熟豬油一百克，燒至三成熱時放進藕餅（裡面七個，周邊十一個），用文火煎製。
6. 將兩面煎成黃色，盛入盤內，灑上白糖即可食用。

❖蜜汁江米藕

1. 將絕好的澱粉加蜂蜜、少許麝香調勻成稀汁。
2. 蓮藕從大頭切開，使孔眼露出，將汁從蓮藕孔中灌滿，再用油紙將蓮藕包起來。
3. 入鍋中煮熟撈出，去掉油紙，將藕切成片，趁熱裝盤上席。

參考書目

《東京夢華錄》（孫世增校註）
《東京夢華錄注》（鄧之誠）
《山家清供》
《宋史》
《食珍錄》
《齊民要術》
《武林舊事》
《夢粱錄》
《西湖老人繁盛錄》
《河南名菜譜》
《事林廣記》
《本心齋蔬食譜》
《吳氏中饋錄》

《宋氏養生部》
《老學庵筆記》
《容齋隨筆》
《居家必用事類全集》
《宋稗類鈔》
《楓窗小牘》
《太平廣記》
《祥符縣誌》
《鶴林玉露》
《開封飲食志資料彙編》（手稿，未刊本）
《開封飲食志》（油印本）
《開封市食品志》（油印本）
《開封市志》（第七冊）
《如夢錄》
《開封名菜》
《開封商業志》

HISTORY 038

餐桌上的宋朝

作者—劉海永
主編—邱憶伶
責任編輯—陳劭頤
封面設計—FE設計
內頁設計—張靜怡
編輯顧問—李采洪
董事長—趙政岷
出版者—時報文化出版企業股份有限公司
108019臺北市和平西路三段二四〇號三樓
發行專線—（〇二）二三〇六—六八四二
讀者服務專線—〇八〇〇—二三一—七〇五
（〇二）二三〇四—七一〇三
讀者服務傳真—（〇二）二三〇四—六八五八
郵撥—一九三四四七二四時報文化出版公司
信箱—10899臺北華江橋郵局第99信箱
時報悅讀網—http://www.readingtimes.com.tw
電子郵件信箱—newstudy@readingtimes.com.tw
時報出版愛讀者粉絲團—https://www.facebook.com/readingtimes.2
法律顧問—理律法律事務所 陳長文律師、李念祖律師
印刷—勁達印刷有限公司
初版一刷—二〇一八年六月十五日
初版二刷—二〇二一年三月二十五日
定價—新臺幣三二〇元

時報文化出版公司成立於一九七五年，
一九九九年股票上櫃公開發行，二〇〇八年脫離中時集團非屬旺中，
以「尊重智慧與創意的文化事業」為信念。

餐桌上的宋朝／劉海永著. -- 初版. -- 臺北市：
時報文化, 2018.06
272面; 14.8×21公分. --（HISTORY; 38）
ISBN 978-957-13-7438-3（平裝）

1. 飲食風俗 2. 文化史 3. 中國

538.782 107008625

ISBN 978-957-13-7438-3
Printed in Taiwan